ÄTHIOPIEN

ÄTHIOPIEN

KULTUR · RELIGION · GESCHICHTE

FOTOS
PETER WEIKENMEIER
DIETER STADTFELD
VERONIKA DIETZ-STADTFELD
MICHAEL FISCHER

TEXT
FRANK W. LEMKE

MIT EINEM GELEITWORT VON
WALTER RAUNIG

BELSER VERLAG
STUTTGART

Seite 1: Stele in Axum, der Hauptstadt des äthiopischen Großreichs im Altertum.

Seite 2: Priester bei der Feier des Timkat-Festes in Lalibela, dem „Neuen Jerusalem" und religiösen Zentrum Äthiopiens im Mittelalter.

Die Deutsche Bibliothek – CIP-Einheitsaufnahme
Äthiopien : Kultur - Religion- Geschichte / Fotos: Peter Weikenmeier ... Text: Frank W. Lemke.
Mit einem Geleitw. von Walter Raunig. - Stuttgart ; Zürich : Belser, 1998
ISBN 3-7630-2249-X

Grafische Gestaltung und Satz:
Buchherstellung Dotzauer, Stuttgart
Redaktionelle und inhaltliche Betreuung,
Zeittafel und Register: Christoph Wetzel und Annette Trass
Karte: Karin Kuhn
Reproduktionen: Eurolitho, Tarzo
Druck: EBS, Verona
Printed in Italy 1998

ISBN 3- 7630-2249-X

ZUM GELEIT

Wenn wir den Namen AFRIKA hören oder lesen, so verbinden wir damit blitzschnell und ohne Überlegung die Vorstellung von Süden, Sonne, Hitze, Löwen, Elefanten, von einem riesigen Land mit dunkelhäutigen Menschen, politischer Instabilität, großen wirtschaftlichen Schwierigkeiten und geringer technischer Entwicklung. Es ist gut, wenn Bücher wie dieser reich ausgestattete Bildband über Äthiopien erscheinen, die derlei Plakat-Bilder differenzieren, relativieren, ihnen klarere Konturen, das heißt ihnen mehr Wahrheitsgehalt geben.

Das Wort AFRIKA ist antiken Ursprungs. Seit den drei Punischen Kriegen im Zeitraum von 264 bis 146 v. Chr. traten die Länder südlich des Mittelmeeres mehr und mehr in das Gesichtsfeld Roms. Die im Raume Karthagos lebenden Bewohner wurden von den Römern „Afri" oder „Africani" genannt. Nach der endgültigen Niederlage Karthagos 146 v. Chr. wurde das gesamte Gebiet von der großen Syrte im Osten bis in die nordöstlichste Ecke des heutigen Algerien im Westen als „Africa" bezeichnet. Von diesem Afrika deutlich getrennt war Ägypten, das viel eher zu Asien gerechnet wurde; und Asien sah man seit alters her als einen eigenen Erdteil an. Für die weiten Länder südlich des (Mittel-) Meeres gab es aber noch zwei Bezeichnungen, und zwar „Libyen" und „Äthiopien". Die seit spätestens dem 6. Jahrhundert v. Chr. sich an der Cyrenaica festsetzenden Griechen bezeichneten das westlich von Ägypten liegende Nordafrika als Libyen. Als Äthiopien waren die weit im Landesinneren, vornehmlich in Nordostafrika liegenden Gebiete bekannt. Der Name „Äthiopien" übertrug sich aber im Laufe der Geschichte auf praktisch alle Räume südlich der mediterranen Küstenländer und Ägyptens, bevor er sich schließlich seit dem letzten Jahrhundert endgültig nur mehr auf das nordostafrikanische Staatsgebilde „Abessinien" - dieser Name stammt aus dem Arabischen und wird heute von den Einwohnern des Landes wenig geschätzt - beschränkte.

Die Namen „Äthiopien" und „Afrika" gehören also seit jeher eng zusammen - und dennoch nimmt dieses im Nordosten des Kontinents liegende Hochland eine Sonderstellung innerhalb der „schwarzen Welt" Afrikas ein; denn so sehr dem europäischen Reisenden durch dieses schöne, faszinierende Gebirgsland der afrikanische Charakter in Flora und Fauna, in Klima, Leben und Kultur der Menschen heute ins Auge springen mag, die Wurzeln seiner langen Geschichte reichen nach Ägypten, Südarabien und andere Länder des alten Vorderen Orients. Dies ist der Grund für die „Farbigkeit" seiner Kultur und der Faszination, die von ihr ausgeht.

Prägender Stempel dafür ist der christliche Glaube, den sich das Land durch alle Stürme der Geschichte hindurch, trotz innerer und äußerer Bedrohung und trotz der lange andauernden und nahezu völligen Isolierung von der übrigen Christenheit als einziges Land Afrikas bis in unsere Tage bewahren konnte - neben einem heute etwa gleich hohen Bevölkerungsanteil von Muslimen sowie Anhängern der sogenannten Naturreligionen im Süden des Landes. Wie stark der christliche Glaube im Volk verwurzelt ist, zeigt die Tatsache, daß die Kirche auch in jüngster Vergangenheit während des marxistischen Terrorregimes eines Mengistu an Bedeutung und Gewicht nichts eingebüßt, ja zum Teil sogar noch zugenommen hat. Aus dieser geistig-religiösen Tradition abzuleiten ist das künstlerische Schaffen Äthiopiens, das im Gegensatz zum übrigen Afrika durch die Malerei geprägt ist. In Wand-, Ikonen- und Buchmalerei zeigten und zeigen Äthiopier neben den Werken der Kirchenarchitektur ihr Können. Hinzu kommen ihre Fähigkeiten im Kunsthandwerk. Liturgische Geräte, prunkvolle liturgische Gewänder, Herrscher- und Priesterkronen sowie eine Vielzahl von Formen für Prozessions-, Hand- und Umhängekreuze, wie sie keine andere christliche Kunstregion aufweisen kann, charakterisieren den Geschmack und die Geschicklichkeit äthiopischer Kunsthandwerker.

Neben der rassischen, sprachlichen, historisch-kulturellen, religiösen, künstlerischen und sozialen Sonderstellung des klassischen Äthiopiens innerhalb der afrikanischen Welt unterscheidet sich das Land auch vom übrigen Kontinent grundsätzlich dadurch, daß hier Bodenbau nicht mit der afrikanischen Hacke, sondern mit dem orientalischen Pflug betrieben wird. Äthiopien kann in der Tat als südlichster Ausläufer der großen „vorderorientalischen Mittelmeer-Zivilisation" bezeichnet werden.

Professor Walter Raunig
Staatliches Museum
für Völkerkunde, München

INHALT

VORWORT

Warum Äthiopien? Mancher Betrachter des vorliegenden Bildbandes wird sich diese Frage stellen. Warum ein Land beschreiben, das seit Jahrzehnten negative Schlagzeilen liefert? Ein ehemaliger Feudalstaat, der dem Sozialismus sowjetischer Ausprägung verfiel, der in einem jahrzehntelangen Bürgerkrieg beinahe zugrunde ging, dazu verheerende Dürren und Hungersnöte erlitt, ist ein solches Land der publizistischen Mühe wert?

Die Antwort ist ein klares Ja. Nicht, weil hier ein Mitleidsbonus zur Geltung kommt, sondern weil Äthiopien mit Sicherheit, trotz seiner unruhigen und leidvollen jüngeren Vergangenheit, einer der wichtigsten Staaten auf Europas Nachbarkontinent ist. Das Land ist reich an Resourcen, nicht zuletzt seiner rund 55 Millionen Menschen wegen, deren ethnische und kulturelle Unterschiedlichkeit Äthiopien zu einer der bemerkenswertesten Kulturnationen der Welt macht.

Äthiopien gilt als Heimat der schönen Königin von Saba, der nicht einmal König Salomo widerstehen konnte und der so zum mythologischen Stammvater des äthiopischen Kaiserhauses wurde. Die bis heute rätselhaften monolithischen Stelen von Axum, der Hauptstadt des untergegangenen Königreichs gleichen Namens im Norden, die Felsenkirchen von Lalibela, in mühsamer Arbeit und religiöser Inbrunst aus solidem Felsen gehauen, die eigenwilligen Kaiserburgen von Gondar, aber auch die kunstvoll gebauten Rundhäuser der Bauern erweisen Äthiopien als etwas Besonderes! Welches andere Land teilt das Jahr in 13 Monate ein, hat eine eigene Schrift oder kann für sich in Anspruch nehmen, die Wiege der Menschheit und das Ursprungsland der „Weltdroge Nr. Eins", des Kaffees, zu sein?

Geopolitisch hervorragend plaziert, war das „Land der verbrannten Gesichter", wie Herodot in der Antike die *aitiops*, die Äthiopier, beschrieb, stets ein begehrtes Eroberungsziel. Bereits im 4. Jahrhundert, durch syrische Kaufleute christianisiert, grenzte es sich auch in religiöser Hinsicht nach Stiftung des Islams von seinen Nachbarn ab. Die Insellage inmitten einer muslimischen Welt hat Energien freigesetzt, aber auch Stagnation bewirkt. Von der Kreativität seiner Menschen handelt dieser Band, ebenso von der Vielfalt der Flora und Fauna, die praktisch das gesamte afrikanische Spektrum umgreift. Verdankt wird dieser Reichtum der Topographie des Landes, die jede nur denkbare Formation aufweist: von Salzdepressionen nahe der Republik Dschibuti am Roten Meer, noch unter dem Meeresspiegel gelegen, über grandiose Aspekte des Ostafrikanischen Grabens bis zum Semien-Gebirge mit seinem schneebedeckten Ras Daschan, dem höchsten Berg Äthiopiens.

So abwechslungsreich die Landschaften, die sie bewohnenden Menschen, die Tiere und Pflanzen sind, so vielfältig sind auch Licht und Himmel, Wolkenformationen und das Klima.

Deutschland und Äthiopien blicken auf lange und gute Beziehungen zurück. So reiste Kaiser Haile Selassie I. 1952 als erster offizieller Staatsgast in die junge Bundesrepublik, und Bundespräsident Roman Herzog besuchte die inzwischen entstandene Bundesrepublik Äthiopien im Frühjahr 1996.

Dazwischen lagen krisenhafte Jahre für das Land. Der Sturz des Kaisers 1974, die sozialistische Militärdiktatur von Moskaus Gnaden danach, der Sieg der Guerilla in Eritrea und die Vertreibung des Diktators durch eine Allianz der oppositionellen Kräfte 1991.

Die 1962 zwangsweise von Äthiopien eingegliederte Provinz Eritrea erhielt 1993 ihre Unabhängigkeit, ein trotz des fünf Jahre darauf militärisch ausgetragenen Grenzkonflikts bisher einmaliger Akt politischer Reife in Afrika, wo die Willkürgrenzen der Kolonialzeit von den unabhängigen Staaten als geradezu sakrosankt angesehen werden. Die neuerliche Feindschaft zu Eritrea wird hoffentlich der vorherigen pragmatischen Linie der Vernunft auf beiden Seiten weichen. Eine Fortführung der bewaffneten Auseinandersetzungen um den Verlauf der gemeinsamen Grenze würde allerdings die Führung Äthiopiens von der Aufgabe abhalten, die durch Krieg und Mißwirtschaft heruntergekommene Nation, umgeben vom fundamentalistischen Sudan, dem anarchistischen Somalia und einem unruhigen Nordkenia, wieder aufzubauen.

Dazu gehört auch die Schaffung einer brauchbaren Infrastruktur, Grundvoraussetzung für den Aufbau eines sinnvollen Tourismus. Die steigende Zahl der Besucher in jüngster Zeit sieht Äthiopien hier auf dem richtigen Wege, den zu beschreiten wir Sie mit diesem Bildband einladen wollen.

LAND SCHAFTEN

Äthiopien läßt sich stichwortartig so beschreiben: Seit 1995 ist Äthiopien Demokratische Bundesrepublik. Die Staatsfläche beträgt 1.133.380 Quadratkilometer und umfaßt damit ein Vierfaches der Bundesrepublik Deutschland. Die Äthiopier gliedern sich in 80 bis 90 Ethnien, von denen ca. 40 Prozent Oromo, 25 Prozent Amharen und 20 Prozent Tigre sind. Weitere Bevölkerungsgruppen sind die Afar, Somali, Aderi sowie rund 45 Ethnien mit jeweils unter einer Million Angehöriger. Knapp 80 Prozent sind in der Landwirtschaft beschäftigt, rund 9 Prozent in Industrie und Gewerbe, an die 2 Prozent im Dienstleistungssektor. Die Arbeitslosenrate vor allem in den Städten liegt über 30 Prozent. Hauptausfuhrgüter sind Kaffee mit über 50 Prozent, Felle und Häute mit ca. 20 Prozent, Gold über 10 Prozent, Obst und Gemüse. Amharisch ist de facto offizielle Landessprache, daneben Orominja und Tigrinna, erste Fremdsprache ist Englisch, als Handelssprache dient auch Arabisch. Es existieren an die 70 Sprachen im Lande. Rund 45 Prozent der Einwohner gehören der äthiopisch-orthodoxen Kirche an, ca. die gleiche Anzahl sind sunnitische Muslime und etwa 10 Prozent Anhänger von Naturreligionen. Die Protestanten stellen eine Million Gläubige, die Katholiken eine halbe Million.

Addis Abeba ist Hauptstadt mit 2,4 Millionen Einwohnern.

Die Hälfte des Landes liegt höher als 1.200 Meter, mehr als ein Viertel über 1.800 Meter und 5 Prozent sogar über 3.500 Meter. Damit ist Äthiopien der höchstgelegenen Staat Afrikas. Klima, Fauna und Flora variieren je nach Höhenlage: von trockenen, heißen Salzdepressionen und Halbwüsten, Dorn- und Trockensavannen über die gemäßigte Zone bis hin zur kühlen Hochebene. Äthiopien ist der zehntgrößte Staat Afrikas.

Solche Fakten sagen jedoch noch wenig über das Land aus, das hier vorgestellt werden soll. Ohne Übertreibung kann Äthiopien als natürliches „Nachschlagewerk" für anthropologische, geologische und geographische Studien gelten. Die Skelettfunde menschlicher Urahnen im Südosten des Landes haben die Forschung nach den Ursprüngen des *homo sapiens* weit vorangebracht, die Formationen der grandiosen Bergwelt zeigen alle möglichen Varianten der natürlichen Erosion durch Klima, Wasser, Wind und vulkanische Einflüsse. Der höchste Berg in der Nordhälfte des Landes, der Ras Daschan, weist stolze 4.620 Meter über dem Meeresspiegel auf. Die großen Flußsysteme des *Tikur Abbay*, des Blauen Nils, im Norden und des Omo im Südwesten haben im Verlauf der Erdgeschichte die Hochplateaus, die charakteristischen *ambas*, und die tiefen Täler geformt, die heute das Bild dieser Landesteile prägen. Der ostafrikanische Abschnitt des Großen Grabenbruchs durchquert das Land und hat eine Reihe herrlicher Seen zurückgelassen. Sie sind es, die dem Südwesten Äthiopiens seinen besonderen Reiz verleihen. Der Tanasee im Norden, mit rund 5.000 Quadratkilometern der mit Abstand größte See des Landes, ist Quelle des Blauen Nils, der seine Reise nach dem Sudan mit einem der spektakulärsten Wasserfälle Afrikas beginnt. Bei Khartum vereinigt er seine rasant fließenden Wasser mit den trägen Fluten des Weißen Nils. Dem äthiopischen Fluß verdankte Ägypten seine fruchtbaren Überschwemmungen am Unterlauf des Nils; seit den sechziger Jahren verhindert sie der Staudamm bei Assuan.

Vor vierzig Millionen Jahren, so schätzen die Geologen, türmte sich die äthiopischen Landmasse auf. Dabei wurden weite Flächen, an die 1.500 Quadratkilometer, von Lavaströmen bedeckt, die aus den Rissen der Erdkruste hervorquollen. Bis zu 3.000 Metern Dicke hat-

Oben: Die Tafelberge und bizarren Felsmassive in der Region Dugum erinnern teilweise an das Monument Valley in Arizona.

Links: Licht- und Schattenspiele der frühen Morgensonne im nördlichen Semien-Gebirge. Es erreicht mit dem Ras Daschan eine Höhe von 4.620 Metern.

te diese Schicht an einigen Stellen erreicht, bevor der Strom versiegte. Die nachfolgende Erosion bescherte dem Gebiet um den Ras Daschan seine atemberaubende Dramatik. Dem Reisenden bieten sich tiefe Abstürze und Täler, hohe Felsnadeln und fruchtbare Plateaus unter einem Himmel, der je nach Jahreszeit in kaum glaublichem Blau erstrahlt oder von Gewitterstürmen gepeitschte phantastische Wolkengebilde verdunkelt wird.

Damals kam es auch zur Ausbildung des Großen Grabenbruchs, der sich ca. 6.000 Kilometer lang von Syrien durch das Rote Meer über Äthiopien und Ostafrika bis nach Mozambik erstreckt. Auch die Abtrennung der Arabischen Halbinsel vom Afrikanischen Kontinent und die Entstehung des Roten Meeres fallen in diese geologische Periode. Noch heute scheint die arabische Landmasse weiter in Richtung Asien abzudriften.

Tabakanbau auf der fruchtbaren Hochebene südlich von Dessie, der Hauptstadt des Bundeslandes Wollo. Knapp 80 Prozent der Äthiopier sind in der Landwirtschaft tätig.

Der spektakuläre Höhenunterschied zwischen dem Bergland, das die Äthiopier *dega* nennen, und der Niederung des Grabengebietes, *kolla* genannt, läßt auch deutlich werden, wie enorm die klimatischen Extreme ausgeprägt sind, da das Land Höhenunterschiede bis zu 2.000 Metern auf kürzester Strecke aufweist. Während auf den hochgelegenen Gebieten die mittleren Temperaturen rund um das Jahr zwischen 18 und 20 Grad C° liegen, zeigt das Thermometer im Tiefland und in der Grabensenke zwischen 40 und 50 Grad C° an.

Das moderate Hochlandklima hat die Entstehung einer seßhaften bäuerlichen Gesellschaft begünstigt, und die nomadische Tieflandkultur hat sich den klimatischen Gegebenheiten ebenfalls ideal angepaßt.

Dort, wo Ausbuchtungen des Roten Meeres entlang der Küste durch erneute vulkanische Aktivitäten abgetrennt wurden, bildeten sich nach dem Verdunsten dieser eingeschlossenen Wassermengen riesige Salzflöze, deren Dicke an manchen Stellen mehrere tausend Meter betragen kann. Einige dieser Gebiete liegen mehr als hundert Meter unter dem Meeresspiegel und bieten den Anblick einer Mondlandschaft oder eines steingewordenen Alptraums.

Mit zunehmender Entfernung von der Küste in südwestlicher Richtung, also dem Graben folgend, steigt das Land allmählich an und geht in die Savannenlandschaft *kolla* über. Sie war ursprünglich der Lebensraum der Nomaden. Hier reihen sich Seen von erheblicher Tiefe, Folge ihres vulkanischen Ursprungs. Der erste, Haik Zwai, ist von der Hauptstadt Addis Abeba aus in weniger als zwei Stunden Autofahrt zu erreichen, die weiteren, in 200 bis 300 Kilometer Entfernung, Abiata, Schalla und Langano, liegen nahe beieinander, und nach weiteren 100 Kilometern folgen bei Arba Minch die Seen Awassa, Abaya und Chamo; die beiden letzten unterscheiden sich durch ihre rote und blaue Farbe.

Die geologische und klimatische Vielfalt hat in Äthiopien zahlreiche einzigartige Lebensräume für Fauna und Flora geschaffen. In ihnen leben über 800 einheimische Vogelarten, von denen 26 ausschließlich hier zu finden sind. 106 Säugetierarten leben im Lande, von denen wiederum sieben nirgendwo sonst in Afrika existieren.

Deren Evolution setzte natürlich viel später ein, denn erst nachdem vor rund 15 Millionen Jahren Ur-Lebensformen enstanden waren, bildeten sich die Vorläufer der Arten heraus, deren Abkömmlingen wir heute begegnen. In Äthiopien ist diese Entwicklung besonders aufregend verlaufen. Die Funde, die bisher gemacht wurden, lassen vermuten, daß hier die „Wiege der Menschheit" gestanden haben könnte. Millionen Jahre alte Knochen deuten darauf hin, daß in der Danakilsenke der Mensch seine ersten aufrechten Schritte tat.

Setzen wir unseren Weg von Ost nach West fort, so kommen wir in die fruchtbarsten Gebiete des ehemaligen Kaiserreichs. In Schoa, Wollega und Illubabor gedeihen auf gemäßigter Höhe von 2.000 bis 2.500 Meter neben allen gängigen Gemüsesorten auch Kaffee und Wein. Dort gibt es auch die letzten Spuren eines einstmals üppigen tropischen Waldes. Diese Klimazone heißt *woina dega*. Noch um die Jahrhundertwende war das Land zur Hälfte bewaldet; heute ist dieser ursprüngliche Reichtum auf magere drei bis vier Prozent geschrumpft. Bemühungen, durch Wiederaufforstungsprojekte diesen Trend umzukehren, haben bisher bestenfalls zu einer Verlangsamung der katastrophalen Abholzung geführt. Das schier unlösbare Problem, den lebensrettenden Wald zu erhalten, der Bevölkerung aber gleichzeitig ausreichend Bau- und Brennmaterial zur Verfügung zu stellen, teilt Äthiopien mit vielen Ländern Afrikas, vor allem aber mit seinen unmittelbaren Nachbarn der Sahelzone. Bei einer Bevölkerungszunahme von bis zu 5 Prozent jährlich erscheint dieser Kampf beinahe aussichtslos. Der Bevölkerungsdruck führt auch dazu, daß Regionen besiedelt werden, die früher wegen ihres ungesunden Klimas gemieden wurden.

Am Westrand von Illubabor begegnet dem Reisenden ein ähnliches grandioses Landschaftserlebnis wie im Osten. Das Hochland endet abrupt und fällt in zwei Stufen von jeweils 1.000 Meter zum Tiefland des Sudan ab. Wieder tauscht man das wohltuend temperierte Klima des Hochlands mit der heißen Savanne, und abermals wird deutlich, warum die Menschen auf dem äthiopischen Plateau über 2000 Jahre wenig Neigung zeigten, ihr Inseldasein aufzugeben.

Hier, im westlichen Grenzgebiet, treiben die trägen Wasser des Baro gemächlich in weiten Mäandern auf die sudanische Hauptstadt Khartum und den Weißen Nil zu, mit dem sie sich dort vereinigen.

Auf dem Plateau in südöstlicher Richtung kommen wir wieder zu einer Reihe von Seen, der geologischen Hinterlassenschaft des Ostafrikanischen Grabens in Gemu Goffa. Touristisch gesehen ist dieser Teil der äthiopischen Seenplatte ein besonders reizvolles Ziel. Die Bezirkshaupstadt Arba Minch verrät durch ihren Namen „Vierzig Quellen" was die Gegend so angenehm macht: Wasser, milde Temperaturen, üppige Vegetation.

Besondere Beachtung verdient die Terrassierung weiter Gebiete des Hochlandes im Süden wie im Norden. Die knappen Anbauflächen wurden dadurch geschickt vermehrt. Gleichzeitig wurde die Ackerkrume festgehalten, deren Auswaschung im Hochland in den zwei jährlichen Regenzeiten zu enormen Verlusten an Boden und Fruchtbarkeit geführt haben. Der Staat reagiert jetzt mit Wiederaufforstungsprogrammen, die auf mittlere bis lange Sicht sowohl die Erosion bremsen, als auch die Versorgung mit Bauholz und Brennstoff sichern helfen sollen.

Für ein so weiträumiges Land eine adäquate Infrastruktur aufzubauen, ist kostspielig und schwierig. Die kurze Besatzungszeit durch Italien hat Äthiopien die Anlage der meisten befahrbaren Straßen gebracht. Die italienischen Straßenbauer besaßen die besten Voraussetzungen, mit der komplizierten Topographie fertig zu werden. So sind einige Abschnitte wegen ihrer dramatischen Trassenführung technische Meisterwerke geworden. Spitzkehren und Viadukte, Tunnel und Brücken halfen, das Land zu erschließen. Dennoch liegen die meisten Siedlungsgebiete immer noch abseits befahrbarer Straßen. Der Ausbau eines Flugnetzes hat zwar die Schnelligkeit des Transports von Personen und Waren erheblich verbessert, aber an der Unzugänglichkeit vieler Landesteile wenig geändert. Vor allem militärische Erwägungen brachten den Straßenbau im Süden und Osten voran, weil die Bedrohung durch Somalia stets real erschien. Lebenswichtig war der Zentralregierung in Addis Abeba auch die Verbindung zu den Häfen Massaua und Assab am Roten Meer, über die der größte Teil des Imports und Exports abgewickelt wurde. Vor allem Assab wurde stark erweitert und dient auch als Ölhafen. Nach der Unabhängigkeit Eritreas fiel die Küstenregion an die junge Republik, und Äthiopien wurde zum Binnenstaat. Abkommen regeln allerdings die freie Nutzung der Häfen durch Äthiopien.

Die Republik Dschibuti mit der gleichnamigen Hauptstadt bildet den Endpunkt der zweiten wirtschaftlichen Nabelschnur Äthiopiens. In den ersten Jahren unseres Jahrhunderts wurde die Schmalspurbahn fertig, die Addis Abeba mit der damals französischen Kolonie verband. So war es auch ein französisches Unternehmen, das die Eisenbahn baute. Ungefähr in der Mitte der Strecke gründeten die Ingenieure die Stadt Diredaua, die nach europäischen Vorstellungen angelegt wurde: schachbrettartig verlaufende Straßen, mit schattenspendenden Laubbäumen, Bürgersteigen, Wasserleitungen und Kanalisationsystem, dazu vollständig elektrifiziert. Ihr Bahnhof, wie auch der in Addis Abeba, wurde so gestaltet, wie man es im Süden Frankreichs gewohnt war. Entlang der Eisenbahnlinie entwickelte sich eine Reihe von Stationen mit Gewerbe, das entweder direkt mit der Eisenbahn zusammenhing oder sich durch die Ansiedlung von Arbeitern und Verwaltung ergab.

Eine zweite Eisenbahnlinie bauten die Italiener in ihrer Kolonie Eritrea. Sie verband Asmara, die Verwaltungszentrale, mit Massaua am Roten Meer. Seit Eritrea selbständige Republik geworden ist, wird daran gearbeitet, sie wieder befahrbar zu machen. Außer der Trasse selbst war bei Ende des Befreiungskrieges vom alten Schienenweg nichts mehr übrig. Der Strecke Addis Abeba-Dschibuti blieb dieses Schicksal erspart.

Vom Ausbau des Straßennetzes wird die wirtschaftliche Entwicklung Äthiopiens entscheidend abhängen. Die binnenwirtschaftliche Vermarktung seiner Erzeugnisse wie auch Import und Export sind auf ausreichende Transportwege angewiesen. Seitdem im südöstlichen Ogadengebiet Öl- und Gasvorkommen entdeckt wurden, deren Ausbeutung wahrscheinlich lohnen dürfte, ist die Frage nach einem Ausbau der Verkehrswege besonders akut geworden.

Vieles spricht dafür, daß südwestlich der Danakilsenke der Kaffee seinen Ursprung hat. Die Provinz, in der er wächst, heißt bezeichnenderweise Kaffa. Von hier aus wurde er im 14. Jahrhundert nach dem Jemen exportiert, dessen Hafenstadt Mocha dem Getränk die Bezeichnung Mokka verlieh. Vor allem durch Mekka-Pilger verbreitete sich der Kaffee (arabisch *kahwa*) in den islamischen Ländern und gelangte im 16. Jahrhundert durch die Türken auch nach Europa. Von hier aus trat er seinen Siegeszug durch die Welt an.

Rinderherde auf dem Weg nach Süden. Hier, vor allem im Gebiet der Oromo, ist Viehzucht die überwiegende Erwerbsquelle. Äthiopien hat mittlereweile wieder einen der größten Rinderbestände in Afrika.

Wie hier in den Bergen von Nord-Wollo trifft man fast überall auf dem Land Männer mit geschultertem Stock. Er erleichtert nicht nur den aufrechten Gang, sondern dient auch als Stütze und nützt beim Hüten des Viehs sowie als Verteidigungswaffe.

Die Berggipfel des Semien-Gebirges ragen bis über 4000 Meter in den äthiopischen Himmel. Die Kargheit der Landschaft ist das Ergebnis jahrhundertelanger Abholzung. Hier liegt die Heimat des endemischen Dschelada (Abb. S. 30), der Klippspringer, des Abessinischen Fuchses und des Walia-Steinbocks.

Ein reizvoller Tagesausflug führt von Addis Abeba in westlicher Richtung zum Kratersee von Wonchi. Das Relikt des Vulkanismus, der die äthiopische Topographie wesentlich mitbestimmt hat, ist in eine fruchtbare Landschaft eingebettet, die sich in der Nähe des Städtchens Ambo ausbreitet.

Rechts: Flußbett in der Nähe des Klosters Debre Libanos. Während der Regenzeit stürzt hier ein reißender Fluß in die bis zu 1 000 Meter tiefe Schlucht des Zega Wodel, der in den Blauen Nil mündet.

Gegenüberliegende Seite: Terrassenanbau in Nord-Wollo. Stark ausgeprägt ist der dramatische Kontrast zwischen Natur- und Kulturlandschaft. Vorwiegend Amharen betreiben hier den Anbau von Getreide und Gemüse. Die eingestreuten Rundhütten bilden ein Dorf und dienen daneben der Vorratshaltung.

Die Häuser dieses Dorfes reihen sich auf dem Kamm eines Hügels, so daß freie Sicht nach beiden Seiten gewährleistet ist. In der Nähe befindet sich der Kratersee von Wonchi. Hier erlaubt der fruchtbare vulkanische Boden eine intensive landwirtschaftliche Nutzung.

Rechte Seite:
Freigelegt durch Erosion, erscheinen die harten Kerne der Vulkanlandschaft des Semien-Gebirges als monumentale Skulpturen. Schon antike Geschichtsschreiber assoziierten derartige Felskegel mit einem Schachspiel der Götter.

Die lehmfarbenen Fluten des Takeze bilden die Grenze zwischen den Bundesländern Tigray (ehemals Nordprovinz) und Gondar.

Südlich von Dessie, der Hauptstadt des Bundeslandes Wollo, erstreckt sich ein fruchtbares Hochtal.

In dem sehr trockenen Grenzgebiet zwischen den Bundesländern Tigray und Gondar überrascht das Naturwunder dieses Blütenbaums.

Spektakuläre Bergpanoramen und schwer zugängliche Felsenkirchen locken in die Region Dugum im Gebiet zwischen Makale und Axum.

Die steilen und zerfurchten Felsenhänge in Nord-Wollo scheinen eine landwirtschaftliche Nutzung der Region auszuschließen. Dennoch gelingt durch Terrassierung der Anbau von Getreide und Gemüse.

Eine Euphorbienhecke umschließt das kleine Dorf am Aschangesee bei Maychew in Nord-Wollo. Die charakteristischen Rundhäuser (Tukul) sind fensterlos.

In der Regenzeit verwandeln sich die trockenen Hänge rings um Lalibela in saftige Almwiesen.

Vorhergehende Doppelseite:
Der Blaue Nil entspringt im Tanasee. 30 Kilometer nach seinem Ausfluß stürzt er über eine 400 Meter breite schwarze Basaltkante 45 Meter in die Tiefe – ein Naturschauspiel, das den Viktoriafällen des Sambesi und den Niagarafällen vergleichbar ist. Der Gischt der „Rauchenden Wasser" durchnäßt die Besucher selbst in einer Entfernung von einem Kilometer bis auf die Haut.

Das Landschaftsbild bei Konso wird durch die rote Färbung der Erde geprägt. Der karge Boden des südlichen Hochlands bedarf einer intensiven Bearbeitung.

Wie ein Smaragd leuchtet der Bischaftu-Kratersee bei Debre Seit südöstlich von Addis Abeba inmitten seiner staubigen Umrandung mit kleinen Kakteenwäldchen.

Die beiden Landschaftspanoramen zeigen den klaren, daher blauen Chamo und den durch Schwebstoffe des lehmigen Bodens roten Abaya bei Arba Minch, der Bezirkshauptstadt am südwestlichen Ende der äthiopischen Seenplatte. Die beiden Seen werden durch eine von üppiger Vegetation bedeckte Landbrücke getrennt.

Links unten: Zwei charakteristische Gewächse der äthiopischen Flora sind die Schirmakazie, hier im Rift Valley nördlich des Stefanie-Sees, und der Flamboyant mit seinen leuchtend roten Blüten, hier am Rande einer Bananenplantage bei Gidole.

Rechts: Wasserstelle des Mojo-Flusses bei Debre Seit südöstlich von Addis Abeba. Der Treffpunkt dient als Bade- und Waschplatz, der Wasserversorgung und als Viehtränke.

Riesigen Kandelabern vergleichbar, erreichen und überragen die Euphorbien, eine im Norden verbreitete Kakteenart, eine Höhe von drei Metern.
Rote Blütenstände schmücken auch den Flaschen- bzw. Elefantenbaum und den Flamboyant, die beide im Süden verbreitet sind (rechts oben).
Lobelien bedecken im nördlichen Wollo ganze Hänge.
Der gewaltige Stamm gehört zu einem uralten Feigenbaum am See Awassa am südwestlichen Ende der äthiopischen Seenplatte.

Zur Fauna der äthiopischen Seen gehören die Kormorane, hier im Abendlicht auf ihren Ruheplätzen im Langano, und die Flußpferde im Chamo, denen die Madenhacker gute Dienste leisten.

Im Südwesten, vor allem im Omo- und im Mago-Nationalpark, findet sich eine üppige Fauna mit Elefanten, Giraffen, Antilopen und Löwen.

Der „König der Tiere" ist das äthiopische Wappentier, und als „Löwe von Juda" wurde der Kaiser tituliert.

Mit stoische Ruhe warten die Marabus zu beiden Seiten einer Euphorbie auf ihren Anteil am Fischmarkt, der am See Awassa abgehalten wird.

Eine der endemischen Tierarten ist der Dschelada. Auf seine rote Brust bezieht sich die Bezeichnung „Pavian mit dem blutenden Herzen“, aufgrund seiner Mähne gilt er auch als „Löwenpavan“. Seine Heimat ist das Semien-Gebirge (Abb. S. 8 und 13).

Die Madenhacker sind nicht auf Flußpferde spezialisiert, sondern kümmern sich auch um Rinder wie dieses in Nord-Wallo am Wegrand lagernde Zebu.

DIE MENSCHEN

In Äthiopien werden etwa 80 Sprachen und an die 300 Dialekte gesprochen. Diese Vielzahl deutet auf eine zumindest ebenso große Zahl von Haupt- und Unterstämmen hin. Es gibt Sprachen, die von nur noch wenigen tausend Menschen gesprochen werden.

Eine grobe Unterteilung in die Völker des Nordens und des Südens vereint die Tigre und die Amhara einerseits, die Oromo, Somali und nilotischen Stämme andererseits.

MENSCHEN DES NORDENS

In der ehemaligen Zentralprovinz Schoa mit der Hauptstadt Addis Abeba haben sich während der vergangenen hundert Jahre viele Ethnien vermischt, wobei Amharisch als *lingua franca* allgemein akzeptiert ist. Nachdem das äthiopische Parlament 1995 eine föderative Verfassung verabschiedet hat, gibt es allerdings Bestrebungen, der Oromo-Sprache eine gleichberechtigte Stellung neben Amharisch zu verschaffen.

Die Grenzen der neuen Bundesländer wurden entlang ethnischer Siedlungsräume gezogen, können jedoch naturgemäß nicht auf Mischgebiete Rücksicht nehmen. Am klarsten sind die Verhältnisse im historischen Norden Äthiopiens.

Seit der Loslösung der Provinz Eritrea als selbständiger Staat im Mai 1993 befindet sich ein Teil der Tigrinna-sprechenden Bevölkerung jenseits der äthiopischen Grenze. Der andere Teil lebt in Tigray, einem eigenen Bundesland und heute nördliches Grenzland zu Eritrea. Die Tigre machen ungefähr 20 Prozent der Gesamtbevölkerung aus. Die Amhara, deren klassisches Siedlungsgebiet sich südlich an das der Tigre anschließt, stellen etwa 25 Prozent. Die Zahl der unter den Amhara siedelnen äthiopischen Juden, der Felascha, beträgt allenfalls noch ein paar Hundert.

Obwohl als Bevölkerungsgruppe praktisch verschwunden, ist die Geschichte der Felascha erwähnenswert. Ihr Exodus vollzog sich erst innerhalb der letzten zwei Jahrzehnten, und zwar als politischer Handel des sozialistischen Äthiopien mit dem Staat Israel. Die Modalitäten wurden nie ganz offengelegt, aber der Chef der äthiopischen Militärjunta, Mengistu Haile Mariam, ließ sich die Erlaubnis, die „Schwarzen Juden" ziehen zu lassen, von Israel bezahlen.

Der Siedlungsraum der Felascha rund um den Tanasee war zuletzt nicht mehr groß. Er bestand aus einigen Dörfern und ein paar besiedelten Inseln im See. Äußerlich zwar kaum von den sie umgebenden Amhara zu unterscheiden, traten die Gegensätze zwischen beiden Völkern im sozio-ökonomischen Bereich jedoch deutlich zutage. Die Felascha verrichteten die handwerklichen Arbeiten, die die landwirtschafttreibende Amhara als unter ihrer Würde betrachteten. Es gab in der Geschichte Äthiopiens allerdings Zeiten, in denen dieser jüdische Stamm sogar die Herrschaft über das Reich ausübte.

Erst 1973 bestätigte das Oberrabbinat in Jerusalem die Zugehörigkeit der äthiopischen Juden zu den Israeliten. Es erkannte die Felascha als Abkömmlinge des verschollenen Hauses Dan an, von dessen Existenz die Bibel als einzige Quelle berichtet. Diese Anerkennung bildete die Grundlage zur Übersiedlung der Felascha nach Israel und ihrer Integration als Menschen schwarzer Hautfarbe in den jüdischen Staat.

Die Feste und Feiertage der Felascha stimmen weitgehend mit den jüdisch-orthodoxen überein, auch die Beschneidungsriten und Reinheitsgebote werden gleichermaßen streng beachtet. Ob die äthiopischen Juden jemals Hebräisch gesprochen haben, ist nicht nachweisbar. Ihre Thora ist in Geez, der alten Kir-

Oben: Der alte Mann und der Omo.

Links: Drei Mädchen in der Region Dugum mit typischen Haartrachten und kreuzförmiger Tätowierung auf der Stirn. Sie deuten auf die Zugehörigkeit zur äthiopisch-orthodoxen Kirche hin, einer Konfession, die bei den Amhara und Tigre des Nordens vorherrscht. Bis 1950 stand ein koptischer, das heißt ägyptischer Metropolit an der Spitze der Staatskirche. 1951 wurde ein äthiopischer Erzbischof als Metropolit gewählt und 1959 zum ersten Patriarchen und Katholikos Äthiopiens geweiht.

Der verträumte Blick des kleinen Mädchens in Turmi verrät stille Neugier.

chensprache Äthiopiens, verfaßt. Die Synagogen sind unauffällige runde oder eckige, flache Gebäude mit zwei Eingängen, von denen einer sich in Richtung Osten, also nach Jerusalem hin, öffnet. Häufig ist die Synagoge auch der Siedlungsmittelpunkt. Die Felascha nennen ihr Gebetshaus *masgid*, wahrscheinlich eine Ableitung des arabischen Wortes für Moschee. Die Thora der Felascha wurde auf Tierhäute geschrieben und an der Ostwand des *masgid* aufbewahrt. Für eine frühe Aufhebung der Verbindung zum Judentum in Israel spricht unter anderem die Tatsache, daß die Felascha keine Rabbiner kennen, sondern nur Priester, die *kahen*. Eine weitere Besonderheit, mit der sich das Jerusalemer Religionsgericht schwer tat, ist die Verehrung des Sabbat durch die Felascha nicht nur als festlicher Ruhetag, sondern als metaphysisches, weibliches Wesen. Dessen Aufgabe ist wie jener der Gottesmutter Maria als Fürsprecherin der Menschen vor Gott.

Der Griff zur Macht im 10. Jahrhundert unter Führung einer Königin Judith, der mit der Eroberung und teilweisen Brandschatzung Axums endete, ließ die Juden später für das christliche Äthiopien zum verhaßten Feind, zum Mörder der Christenheit werden. In dem Verfall des christlichen Axum und dem Triumph der jüdischen Religion für rund 200 Jahre sah im 13. Jahrhundert das wiedererstarkte christliche Haus der Salomoniden ein Werk des Teufels. Diese Einschätzung führte zur permanenten Verfolgung der Juden in den folgenden Jahrhunderten. Letztendlich ist sie auch der Anlaß für den Wunsch der Felascha gewesen, an den Ort der Vorväter „zurückzukehren". Besonders bekannt waren die Felascha wegen ihrer Tonarbeiten. Neben Lehmfiguren, die der Geschichte des Judentums entstammen, haben sie auch Gebrauchsgegenstände getöpfert und gebrannt. Ihre Kerzenleuchter, Schalen, Tiere oder Vasen waren beliebte Artikel auf den äthiopischen Märkten bis hin nach Addis Abeba.

Die Amharen haben sich seit der Restauration der salomonischen Dynastie im 13. Jahrhundert bis zur erzwungenen Abdankung Kaiser Haile Selassies I. im Jahr 1974 an der Regierung gehalten. Die Amharisierung, von den unterworfenen Völkern beklagt, gab dem Land immerhin eine Amtssprache, die den Umgang miteinander erleichterte. Mehr als die Hälfte aller Äthiopier dürften heute in der Lage sein, sich ihrer zu bedienen.

Die Amharen waren immer seßhafte Bauern, traditionsbewußt, fleißig und im äthiopischen Christentum verankert. Das Bergland als ihr kleinflächiges Siedlungsgebiet verbot die Gründung größerer Dörfer, so daß sie vornehmlich in kleineren Weilern zusammenlebten. Diese sind häufig um eine Rundkirche angelegt. Die Häuser sind in der Regel aus lehmverputztem Holzflechtwerk, gelegentlich aus Steinquadern erbaut. Früher wurden die runden, spitz zulaufenden Dächer mit Gras gedeckt, heute findet man bis in die entlegensten Winkel Wellblech als Dachdeckung. Die Dachkonstruktion der Kirchen wie der Häuser wird von einem aufrecht in der Mitte stehenden Pfahl getragen. Jede Kirche birgt als Allerheiligstes eine Nachbildung der Mosaischen Gesetzestafeln. Sie erinnert an jene Legende von der Entführung der Bundeslade aus dem Tempel in Jerusalem nach Axum, von der im Zusammenhang mit der Königin von Saba und der Ideologie des salomonischen äthiopischen Kaiserhauses zu berichten sein wird.

Das Leben der einfachen, aber freien Amhara- und Tigrebauern ist mühselig und hat sie die Fähigkeit entwickeln lassen, Schicksalsschläge als gottgegeben hinzuneh-

Ein Lkw in Axum als Kinderspielplatz. In der ehemaligen Residenz kontrastiert ein mehr als zweitausend Jahre altes kulturelles Erbe mit unbefangenem Alltag.

men. Sonnabend und Sonntag wird gemeinhin nicht gearbeitet, und auch an religiösen Festtagen wird Gott durch das Niederlegen des Arbeitsgeräts geehrt.

Das Kalenderjahr der Amhara und Tigre wird von den christlichen Festen bestimmt. Da diese beiden Völker im Kaiserreich dominierten, galt ihre Zeiteinteilung auch für den offiziellen Kalender. Er folgt nicht dem Gregorianischen, sondern dem Julianischen Kalender. In Äthiopien gliedert sich das Jahr in zwölf Monate zu je 30 Tagen und einen weiteren Monat mit fünf, in Schaltjahren mit 6 Tagen. Neujahr fällt auf den 11. September unseres Kalenders. Diese Einteilung hat zur Folge, daß Äthiopien acht beziehungsweise sieben Jahre in der Zeitrechnung zurückliegt, was bei internationalen Transaktionen gelegentlich für Konfusion sorgt. Ebenso die Einteilung des Tages. Während wir um Mitternacht den neuen Tag beginnen lassen, beginnt er in Äthiopien um sechs Uhr morgens.

Häusliche Szene in Lalibela. Der weltberühmte Ort der Felsenkirchen, seit dem Mittelalter ein religiöses Zentrum Äthiopiens, bietet zugleich die freundliche Atmosphäre eines Marktfleckens.

Bergbewohner südlich von Dessie mit seiner selbst gefertigten Mütze aus Schafwolle. Derlei Kleidungsstücke werden am Wegrand auch zum Verkauf angeboten.

Neujahr (*Enkutatasch*) am 11. September ist auch der Namenstag Johannes des Täufers. Für die Bauern in normalen Jahren die schönste Zeit: Die Ernte reift nach Ende der großen Regenzeit, das Vieh steht gut im Futter, und die Natur prangt in voller Blüte. Die Häuser duften an Neujahr nach frischem Gras, mit dem der Lehmboden ausgelegt wird. Eine Sitte, die auch zu anderen festlichen Gelegenheit befolgt wird.

Am Neujahrstag ziehen die Kinder singend in kleinen Gruppen von Haus zu Haus und erwarten für ihre Darbietung kleine, aus Gras geflochtene Präsente.

Das nächste Fest des Kirchenkalenders ist *Maskal* am 27. September. Es erinnert an die Auffindung des Heiligen Kreuzes durch Helena, die Mutter Konstantins des Großen, und wird auch von anderen orientalischen christlichen Glaubensrichtungen gefeiert. Im äthiopischen Hochland wird Maskal durch das Erblühen der Maskalblume besonders eindrucksvoll. Ende September sind über Nacht die Bergwiesen mit kleinen gelben Blüten übersät, die unseren Gänseblümchen ähneln. Sie bilden den Schmuck für die Festlichkeiten, die mit einem großen Freudenfeuer enden. Zuvor haben alle, die Priester an der Spitze,

Überall in Äthiopien begegnen uns Kinder, die am Spiel mit den verschiedensten Gegenständen ihre Freude haben.

den Holzstoß dreimal umkreist, die Liturgie gesungen und getanzt. Im Schein des Feuers gibt es ein Festmahl, und am nächsten Morgen versammeln sich die Menschen um die Asche und malen sich mit ihr Kreuze auf die Stirn.

Lidet, das äthiopisch-orthodoxe Weihnachtsfest, wird am 6. oder 7. Januar gefeiert. An ihm spielt die Jugend *Genna*, eine Art Hockey, und die Bessergestellten veranstalten Wettkämpfe zu Pferde, bei denen es darum geht, sich gegenseitig mit Stöcken aus dem Sattel zu heben. Nachbarn tauschen speziell für das Fest gebackene Brote aus.

Timkat, am 19. Januar, bildet den Höhepunkt des Kirchenjahres. In Erinnerung an die Taufe Jesu im Jordan werden an diesem Tag die hölzernen „Bundesladen" und Gesetzestafeln des Alten Bundes zwischen Gott und den Menschen aus den Kirchen in dafür eigens errichtete Zelte getragen, die an einem Wasser stehen sollen. Für diese eine Nacht bleiben die Tafeln, die *Tabot*, außerhalb der Kirche und mit ihnen der Klerus und häufig die ganze Gemeinde. Morgens wird am Wasser symbolisch die Taufe Jesu wiederholt und die *Tabot* unter großem Gepränge zurück in die Kirche gebracht. Die größten und farbenprächtigsten Zeremonien finden in den Felsenkirchen in Lalibela statt. Die Prachtentfaltung verbunden mit einer absoluten Hingabe an den dreieinigen Gott zu beobachten ist für den Betrachter ein unvergeßliches Erlebnis (Abb. S. 68).

Februar und März sind die beliebtesten Heiratsmonate. Vor *Fasika*, dem Osterfest im April, beginnt eine mehrwöchige Fastenzeit, die Feierlichkeiten jeder Art ausschließt. An der nächtlichen Ostermesse teilzunehmen ist Pflicht eines jeden Christen und verlangt den Gläubigen harte Disziplin ab, denn es bedeutet stundenlanges Stehen in der Menge.

In den nicht-christlichen Teilen der Bundesrepublik Äthiopien werden die orthodoxen Feiertage nicht offiziell begangen. Allerdings steht es dort dank der von der Verfassung garantierten Religionsfreiheit den Christen frei, ihre religiösen Feste zu feiern. Zu gemeinsamen Feiern haben sich die drei im Lande vertretenen christlichen Konfessionen, äthiopisch-orthodox, katholisch und protestantisch-lutherisch bislang nicht zusammengefunden. Erste ökumenische Ansätze sind allenfalls in der Hauptstadt Addis Abeba zu beobachten. Die Muslime folgen davon unabhängig ihren eigenen religiösen Vorschriften.

Timkat in Lalibela. Dieser Höhepunkt im Kirchenjahr erinnert an die Taufe Jesu im Jordan und vergegenwärtigt zugleich die Legende von der Entführung der Bundeslade aus dem Tempel von Jerusalem durch das Gefolge Meneliks I., des Sohnes König Salomos und der „Königin von Saba". Eine oder mehrere Nachbildungen der Bundeslade mit den darin aufbewahrten Gesetzestafeln des Mose gehören zur Ausstattung einer jeden äthiopisch-orthodoxen Kirche; sie befindet sich an Timkat für eine Nacht im Freien. Die Bundeslade in der Zionskirche von Axum gilt nach äthiopischer Überlieferung als jenes Original aus Jerusalem.

Rund 45 Prozent der Bevölkerung gehören der äthiopisch-orthodoxen Kirche an, zu deren Traditionen auch die monastische Lebensform gehört. Das Bild oben zeigt einen Mönch, das Bild unten Gläubige im Eingangsbereich einer Felsenkirche in Lalibela, dem im 12. Jahrhundert entstandenen „Neuen Jerusalem".

Denselben Anteil wie die orthodoxen Christen haben mit rund 45 Prozent die Muslime an der Gesamtbevölkerung. Sie hören der sunnitischen Glaubensrichtung des Islam an. Die beiden Aufnahmen oben und das Bild links entstanden im Zusammenhang einer islamischen Hochzeit. Zu den Gästen gehört der Reiter auf festlich geschmücktem Pferd ebenso wie die von höherer Warte aus teilnehmenden jungen Männer und die ausgelassenen Tänzer. Hier wie dort sind die Stöcke, in Äthiopien ein zumeist unverzichtbarer Begleiter, zugleich ein Requisit des Stocktanzes.

MENSCHEN DES SÜDENS

Auf eine ganz andere Welt trifft der Besucher im Süden Äthiopiens. Anstelle des Christentums leben hier die sogenannten Naturreligionen weiter. Eine wichtige Rolle spielt der Ahnenkult. Die hier gültige Wertordnung unterscheidet sich deutlich von jener der Amhara und Tigre, bei denen Unterordnung sowohl im staatlichen als auch im privaten Leben oberstes Gebot ist.

Nahe der Grenze zu Kenia siedeln die Borana, deren Lebensweise noch heute einen guten Einblick in die der Oromobevölkerung erlaubt, als diese im 15. und 16. Jahrhundert Äthiopien von Südosten her zu erobern begann. Die Borana stammen direkt von diesen ersten Einwanderern ab und haben ihr erobertes Siedlungsgebiet seither nicht mehr verlassen. Der Gegensatz zwischen ihnen und den verstädterten Oromo in der ehemaligen Zentralprovinz Schoa könnte nicht größer sein. Sie sind Hirten, die mehrfach im Jahr ihre provisorischen Dörfer abbrechen, um mit ihren Zebu-Rinderherden andere Weidegründe aufzusuchen. Innerhalb ihres Stammes verhalten sie sich äußerst sozial, es ist ihnen bei Strafe verboten, gegen andere Borana zu kämpfen. Ihre oberste Gottheit Wak, so glauben sie, werde die Weiden verdorren lassen, sollten die Stämme untereinander Blut vergießen.

Gefürchtet werden die Borana von ihren Feinden. Trotz der Überwachung durch Polizei und staatliche Administration kommt es immer noch zu Morden, bei denen dem Gegner das Geschlecht abgeschnitten und als Trophäe ins heimische Dorf gebracht wird. Das Vorzeigen solcher „Tapferkeitsbeweise" macht den Boranamann zum Helden und berechtigt ihn, sein Haar in der für die Boranakrieger typischen Tolle wachsen zu lassen. Sie und der Stirnschmuck *kalatscha*, symbolisieren einen erigierten Penis. Es wird angenommen, daß die Oromo früher das erbeutete Mannesorgan um die Stirn getragen habe, und daß die jetzige Zierde diesen Brauch lediglich aus praktischen Gründen ersetzt hat. Der phallusförmige Stirnschmuck ist aus Metall, meist aus Eisen oder Aluminium, gefertigt, eine Kunst, die die Borana als reine Viehzüchter selber nicht beherrschen.

Dafür sind sie begabte Brunnenbauer. Ihre Brunnen erreichen eine Tiefe von bis zu 30 Metern und sind terrassenförmig angelegt. Dies ermöglicht den Wasserholern, auf verschiedenen Ebenen zu stehen und die Gefäße von einem Absatz zum nächsten weiterzureichen, begleitet von anfeuernden Gesängen.

Das Schmieden des Phallusschmucks besorgen für die Borana ihre seßhaften Nachbarn, die Konso. Sie stammen von den gleichen Einwanderern ab, haben die gleiche Gottheit und verehren ihre Toten durch das Aufstellen von geschnitzten Holzfiguren. Diese geben Auskunft über den Lebensweg des Verstorbenen, seine besonderen Leistungen oder Besitzverhältnisse. Zu Tausenden kann man diese Totems, nach der obersten Gottheit *wagas* genannt, im Berggebiet der Konso nördlich des Borana-Weidelandes finden (Abb. S. 44). Die Konso verwenden ebenfalls die *kalatscha* bei rituellen Festen, den Mannbarkeitsriten. Sie versorgen ihre Nachbarn auch mit Stoffen und Gebrauchsgegenständen des täglichen Bedarfs, da sie auch geschickte Weber, Handwerker und Schmiede sind.

Diese Symbiose zwischen den Borana und Konso, die sich auch auf den Nahrungssektor erstreckt – die Borana liefern Fleisch, die Konso Gemüse und Getreide –, hat zu einem Stillhalteabkommen zwischen beiden Ethnien geführt. Der Nutzen für beide ist offenkundig.

Um ihre Bergregion landwirtschaftlich optimal nutzen zu können, haben die Konso sich zu wahren Meistern des terrassierten Anbaus entwickelt. Ihre Felder kleben an den Hängen und werden durch steinerne Trockenmauern gestützt. Die Pflanzenvielfalt, die die Konso kultivieren, ist erstaunlich: Zahlreiche Hirsearten, Weizen, Hafer und Mais, Hülsenfrüchte wie Erbsen und Bohnen, Kartoffeln und mehrere Kürbisarten, auch Baumwolle, Kaffee und nicht zuletzt eine schmackhafte Bananenart finden sich auf den Feldterrassen. Neben der Anbaukunst können die Konso auch sehr ökonomisch mit dem Regenwasser

Vier Mädchen in der „Teestube" von Dimeka, dem Schauplatz eines Marktes. Die teilweise westliche Kleidung stammt aus dem Fundus christlicher Missionare.

Beim Dorf Arbore hat sich der afrikanische Grabenbruch zu einem breiten Tal geweitet. Hier, in der Nähe des Lake Stefanie, steht Papyrus für den Hausbau zur Verfügung.

umgehen, das sie nach einem ausgeklügelten System über ihre Felder verteilen. Auf intakten Anbauflächen kommt es praktisch zu keinem nennenswerten Verlust an Mutterboden. Bei der Instandhaltung ihrer Felder helfen sich die Bauern untereinander in jeder Weise. Bei ihren dörflichen Geselligkeiten spielen die Männer sehr virtuos auf den aus Schilf gefertigten elf- bis zwölfteiligen Panflöten, deren Form der jener bekannten Instrumente Südamerikas ähnelt.

Die nächsten Nachbarn der Konso sind die Hamar. Es wird angenommen, daß sie ein Mischvolk sind, denn ihre ursprüngliche Lebensform vereinte Viehzucht und Ackerbau. Sie bauten Hirse, Hülsenfrüchte und Salate an, trieben aber auch ihre Herden als Hirten durch die Savanne. Anders als die Borana besaßen sie neben Rindern auch Schafe, Esel und Ziegen. Diese Lebensweise änderte sich jedoch radikal, nachdem um die Jahrhundertwende die äthiopischen Kriegszüge unter Kaiser Menelik II. die Siedlungsräume der Borana, Konso und Hamar erfaßten. Hatten die Hamar bis dahin im gesunden Bergland Südäthiopiens gelebt, wurden sie nun aus den Hochlagen vertrieben, versuchten in der Savanne Fuß zu fassen und führen seither ein halbnomadisches Dasein. In ihrer Erinnerung lebt die stolze Vergangenheit fort und wird in den Gesängen des Stammes lebendig.

Anders als die Borana als reine Viehzüchter üben die Hamar auch Handwerke aus und betreiben Bienenzucht. Sie glauben an Mingi, eine dämonische Gottheit, die in vielen Dingen, Lebenwesen und auch im Menschen wohnt. Kinder, die verdächtigt werden, von Mingi besessen zu sein, werden sogar ausgesetzt. Die Furcht, den Dämon zu reizen, ist übermächtig, denn Mingi bringt Krankheit, Dürre und Tod.

Im Unterschied zu den Borana tragen die Hamarmänner keinen Phallusschmuck am Kopf. Die Nachricht, einen Feind getötet zu haben, wird durch eine unter Lehm versteckte Haartolle vermittelt. In sie werden als Schmuckelement Pfauenfedern gesteckt. Die Frauen tragen Glasperlen auf intensiv geölter Haut und variieren ihre Frisuren lebhaft. Die Haartracht gibt bei den Hamar Auskunft über den sozialen Status.

Ein besonderes Ereignis im Leben der jungen Hamarmänner ist der Sprung über den Rücken ihrer Rinder. Dieser Sprung symbolisiert den Übergang vom Kind zum jungen Erwachsenen, der aber noch nicht die volle Akzeptanz als Mitglied der Gemeinschaft genießt. Beispielweise ist ihnen das Heiraten in diesem Stadium noch untersagt. Wie auch bei den Borana und anderen Hirtenvölkern Ostafrikas vollzieht sich das Erwachsenwerden bei den Hamar in mehreren Stufen. Der „Bullensprung“ wird als großes Fest inszeniert, das bis zu drei Tagen für jeden einzelnen jungen Mann dauert. Am Abend des Spungs werden an die 30 Tiere in einer Umfriedung zusammengetrieben, so daß sie in einer Reihe nebeneinander stehen. Diese Aufgabe über-

Schönheiten aus Arba Minch, dem Ort der „Vierzig Quellen" am Südende der äthiopischen Seenplatte. Es sind die Gesichter des jungen Äthiopiens, in denen die Hoffnung auf eine bessere Zukunft zum Ausdruck kommt.

nehmen die jungen Männer des Stammes, die *mats*, die ihren Sprung bereits erfolgreich vollführt haben. Sie sind zwischen 20 und 25 Jahren alt. Ihre wesentliche Aufgabe ist es, den jeweils nächsten Novizen beim Sprung aus der Kindheit zu assistieren. Eine wichtige Hilfe ist dabei, die Rinder möglichst ruhig zu halten. Auch die Auspeitschung der weiblichen jüngeren Verwandten des Knaben, dem das Zeremoniell gilt, besorgen sie. Eine Züchtigung, der sich die Mädchen offensichtlich widerstandslos unterwerfen. Der Knabe selbst geht Tage zuvor mit einem hölzernen Phallus durch das Dorf und fordert die Mädchen auf, diesen dreimal zu küssen und zu segnen. Am Tage des Sprungs versammeln sich die Jungmänner zum Kaffeetrinken. Hierbei wünschen sie für den Novizen den Segen der guten Mächte herbei. Zur Sprung-Zeremonie wird dieser völlig entkleidet und von seinen Freunden in die Umfriedung getragen. Sobald sie ihn loslassen, rennt er auf die Tiere zu und versucht, über ihre Rücken auf die andere Seite zu kommen. Dies muß ihm viermal gelingen. Ein einmaliges Straucheln wird geduldet, aber wehe dem Knaben, dem der Sprung beim zweiten Mal mißlingt. Er hat keine Chance, jemals in den Kreis der erwachsenen Männer aufgenommen zu werden. Selbst Frauen dürfen ihn straflos schlagen. Hat er die Prüfung aber erfolgreich bestanden, brechen die Zuschauer in großes Jubelgeschrei aus.

Im südlichsten Zipfel Äthiopiens liegt das Omotal. Seine Bewohner, die Mursi, Suma und Bodi, die Bume, Karo und Galeb, sind Niloten, die im Laufe der Jahrhunderte durch die Zuwanderung der Oromo weiter nach Westen gedrängt wurden. Ihr subtropischer Lebensraum zu beiden Ufern des Omo macht bei Männern Kleidung außer zu zeremoniellen Anlässen überflüßig. Die Frauen tragen kurze Röcke aus gegerbtem und reich mit Eisen und Glasperlen verziertem Rindsleder. Die Karo sind Bauern geworden und bearbeiten rings um ihr Hauptdorf Doose herum die Uferfelder. Die Bume dagegen haben sich ganz der Jagd verschrieben und bringen in großen Gruppen ihr Wild zur Strecke. Gefischt wird von roh behauenen Einbäumen aus im Omo. Nördlich von dieser Gruppe leben die Niloten Nuer und Annuak am Baro-Fluß. Trotz des gemeinsamen Ursprungs sind diese Völker so unterschiedlich wie ihre Namen.

In der Regel leben alle mit allen in einem permanenten Fehdezustand, brauchen einander aber auch, da manche Hirten oder Handwerker, andere wiederum Fischer oder seßhafte Bauern sind.

Die Suma- und Mursifrauen tragen die auffälligen Lippenplatten (Abb. S. 47). Im Alter von Anfang Zwanzig wird die Unterlippe geweitet und mit einer stets größeren runden oder eckigen Holzplatte ausgefüllt. Je größer die Platte, desto schöner ist die Trägerin und umso höher ist der zu entrichtende Brautpreis in Rindern. Großen Wert legen die Suma und Mursi bei Mann und Frau auf die Körperbemalung, die alle Körperteile einschließlich der Genitalien mit weißen Mustern bedeckt.

Eine besondere Attraktion stellen die Dörfer der Dorse dar. Ursprünglich waren sie ein Kriegervolk, das aber seßhaft wurde und neben der Feldwirtschaft und Viehhaltung besonders die Weberei pflegt. In ihrer Gegend wächst eine Baumwolle von besonderer Qualität, und die hier gewebten weißen Umschlagtücher (*schammas*), die vorzugsweise von den Amharen getragen werden, sind in ganz Äthiopien begehrt.

Die Dorse leben auf den kühlen Guge-Bergen oberhalb des Abaya-Sees. Hier befinden sich ihre sehenswerten Häuser, die überdimensionierten Bienenkörben gleichen (Abb. S. 95). Bis zu zwölf Meter Höhe können diese Konstruktionen aus Holz, Stroh und Blättern der Ensete, der „falschen Banane", erreichen. Es gibt keine weitere Öffnung außer dem Eingang, der leicht vorspringt und auch als Empfangsraum dient. Zu diesem Zweck ist er gewöhnlicherweise mit Sitzgelegenheiten ausgestattet. Das Innere ist dunkel und kühl, der Fußboden besteht aus festgestampftem Lehm. Das Hauptgebäude wird von einem umzäunten Gartenbereich umgeben, in dem weitere, wenn auch kleinere Gebäude gleicher Bauart stehen. Sie berherbergen das Vieh, können Werkstatt sein oder dienen der Unterbringung von Gästen. Bis zu vierzig Jahren können die Dorse-Häuser alt werden, und falls nötig, werden sie auch als Ganzes versetzt. Der unterste Teil des Gebäudes muß dabei meist dem Umzug geopfert werden, so daß das Haus bei jedem Ortswechsel in der Höhe schrumpft.

Mutter aus dem Volk der Mursi mit der für Frauen obligatorischen Lippenplatte.

Der in den sogenannten Naturreligionen wesentliche Ahnenkult findet seinen Ausdruck unter anderem in figürlichen Darstellungen der Verstorbenen. Diese Totenpfähle zeigen Mitglieder der Konso, wobei phallischer Kopfschmuck den Krieger ausweist. Heute tritt der Ahnenkult zwar in den Hintergrund, doch bilden die Skulpturen Anziehungspunkte für den aufkeimenden Tourimus.

Ein Reigen junger Frauen aus dem Volk der Karo, das im südlichen Bereich des Omo Landwirtschaft betreibt. Die Röcke aus Rinderleder sind mit Eisen und Glasperlen verziert. Wichtigster Schmuck ist aber die Gesichtsbemalung.

Ganz oben: Angehöriger des Mursi-Volkes.

Die untere Bildreihe bietet Teilchen aus dem ethnischen Mosaik am Unterlauf des Omo: Neben einem Mann aus dem Volk der Karo ein Hamar-Mädchen, dessen kunstvolle, mit Schlamm und Butter gefestigte Frisur zwei Federn anstelle des sonst üblichen Aluminiumschildes bekrönen. Ketten aus Kaurischnecken, hier kreuzweise getragen, schmücken auch die Karo-Frau, ergänzt durch Metallreifen an Armen und Beinen (vgl. S. 49). Den Mursi-Mann zieren die künstlich vergrößerten Ohren.

Rechts: Neben den Ohren ist es vor allem die Unterlippe, die bei den Mursi-Frauen zunehmend zur „Tellerlippe" geweitet werden. Als ursprünglicher Zweck dieses Merkmals besonderer Schönheit wird der Schutz der Frauen vor dem Zugriff feindlicher Männer vermutet.

Die äußere Bildreihe zeigt von oben nach unten Bewohner der Wildnis Südäthiopiens: eine mit Perlenschnüren geschmückte Karo-Frau, eine Galeb-Familie und den Gruß eines Hirtenjungen in der Nähe des Flusses Weyto.

Über den kriegerisch anmutenden Männern aus dem Volk der Mursi begegnet uns ein Karo-Kind in nahezu vollständiger Körperbemalung. Im Unterschied zum gemusterten weißen „Hemd" ist das Gesicht mehrfarbig bemalt (vgl. S. 44/45).

Mehrere Ketten aus Kaurischnecken dienen der Frau aus dem Volk der Karo als Schmuck und geben dem Kind Halt an der Brust der Mutter.

DIE GESCHICHTE

Äthiopien hat von Anbeginn seiner mehrere Jahrtausende umfassenden Geschichte bis in die Gegenwart eine eigenständige Zivilisation besessen. Trotz zahlreicher Eroberungsversuche seiner Nachbarn in der Antike, im Mittelalter und während der Kolonialzeit blieb es am Ende stets frei. Deshalb konnte es über rund dreitausend Jahre hinweg eigene Traditionen in allen Lebensbereichen entwickeln und wahren. Heute unterliegen diese Werte, wie überall sonst auch, einem Erosionsprozeß, der naturgemäß in der urbanen Gesellschaft besonders auffällig ist.

Ist von Äthiopien der vorchristlichen Zeit die Rede, so ist der nördliche Teil des heutigen Staatsgebietes gemeint. Aus der Zeit um 12.000 v. Chr. stammen die ersten, wenngleich sehr dürftigen Zeugnisse menschlicher Besiedlung. Spätestens um 1000 v. Chr. kamen semitische Einwanderer als Kolonisten aus Südarabien in den Nordosten Afrikas, wo sie auf die dort einheimische kuschitische Bevölkerung trafen. Gemeinsam mit diesen schufen sie die Voraussetzungen für die kulturelle Entwicklung Äthiopiens. Die Kultur war aber in ihren Anfängen rein südarabisch, das heißt sabäisch geprägt.

Die ersten schriftlichen Hinweise auf das Gebiet des heutigen Eritrea und Äthiopien verdanken wir den Ägyptern. Überliefert sind Handelsaufzeichnungen über die Einfuhr tropischer Erzeugnisse und auch die Kunde von ägyptischen Handelsexpeditionen.

Auch mit den Völkern auf dem Indischen Subkontinent dürften die damaligen „Äthiopier“ Handel getrieben haben. Die Fruchtbarkeit des eigenen Landes sowie die profitablen Handelsbeziehungen mit der damals bekannten Welt waren die Grundlage für das Entstehen eines Reiches, dessen Könige auf dem Höhepunkt ihrer Macht über Teile Ägyptens, Südarabiens und des Sudan herrschten.

Die ersten eigenen Geschichtszeugnisse Äthiopiens entstanden ungefähr ab dem 6. Jahrhundert. Monumente und Inschriften belegen, daß damals bereits ein fest definiertes Reich in Axum entstanden war. Die ältesten, in Stein gehauenen Inschriften sind erwartungsgemäß kurz gehalten. Nicht so sehr der Inhalt, als vielmehr die Sprache, in der sie verfaßt sind, interessiert. Es ist das Sabäische, das aber schon eindeutige Abweichungen von der klassischen Sprache aufweist, welche auf der anderen Seite des Roten Meeres gesprochen wurde. Hieraus schließt die Sprachwissenschaft, daß Einwanderer aus Südarabien bereits Jahrhunderte im Lande gelebt haben dürften.

Im 4. und 3. Jahrhundert tauchen griechische Inschriften auf, aber auch erstmals solche in Altäthiopisch, dem Geez, das sich aus dem Südarabischen entwickelte und den Vorläufer der heutigen ersten Landessprache, des Amharisch, bildet.

Einige Schriftsteller der Antike haben Äthiopien in ihren Werken erwähnt: Im 5. Jahrhundert v. Chr. Herodot von Halikarnaß, der „Vater der Geschichtsschreibung“, in seinen „Historien“, im 2. Jahrhundert v. Chr. Agatharchides von Knidos in seinem Werk über das Erythräische (d. h. das Rote) Meer, im 2. Jahrhundert n. Chr. der in Alexandria tätige Geograph Ptolemaios, oder ein griechischer Kaufmann, der im 3. Jahrhundert n. Chr. in einer Abhandlung die Schiffahrtsrouten über das Rote Meer und den Indischen Ozean beschrieben und die Häfen am Roten Meer vermerkt hat, die heute zur Republik Eritrea gehören.

Verläßlicher als diese Zeugnisse aus zweiter Hand sind die archäologischen Funde selbst. Das Fundament für die Gründung eines Reiches war eine seßhaft gewordene bäuerliche Bevölkerung, die das Land kultivierte. Wann

Oben: Der Ritterheilige Georg; Ausschnitt aus einem Wandgemälde auf Holz in der Dreifaltigkeitskirche von Gondar, der 1636 gegründeten Kaiserpfalz. Christianisiert wurde Äthiopien bereits im 4. Jahrhundert unter König Ezana von Axum.

Links: Krone des Kaisers Johannes IV., aufbewahrt in Axum, der Hauptstadt des antiken axumitischen Reiches. Der bekrönende Rhombus entspricht der Grundform äthiopischer Prozessionskreuze (Abb. S. 70/71). Johannes IV. wurde 1871 in Makalle zum Kaiser gekrönt. Zehn Jahre darauf trat er in diplomatische Verbindung mit dem deutschen Kaiserreich, das er wie auch die übrigen europäischen Großmächte um Unterstützung gegen einen ägyptischen Angriff bat. Wilhelm I. schickte eine Gesandtschaft unter der Leitung des Afrikaforschers Gerhard Rohlfs, der sich bereits während der englischen Strafaktion gegen Kaiser Theodoros im Land aufgehalten hatte. Nachfolger Johannes' IV. wurde 1889 Menelik II., Gründer der Hauptstadt Addis Abeba (vgl. S. 82-87).

diese Besiedlung einsetzte, ist nicht belegt, aber die fruchtbaren Hochplateaus dürften seit einigen tausend Jahren von seßhaften Landleuten besiedelt worden sein.

Mit dem Königreich Axum betrat Äthiopien um die Zeitenwende erstmals die Bühne der antiken Welt als Großmacht. Die Ideologie des äthiopischen Kaisertums verbindet das Reich von Axum jedoch mit einer Episode aus der Zeit Salomos, des Sohnes König Davids, der dessen Großreich um 965–925 v. Chr. regierte. Das Alte Testament berichtet im 1. Buch der Könige und fast gleichlautend im 1. Buch der Chronik vom Besuch der (hier namenlosen) „Königin von Saba" bei dem für seinen Reichtum und seine Weisheit berühmten König. Nach äthiopischer Überlieferung zeugte Salomo mit der Besucherin ein Kind, das er später inthronisierte und das unter dem Namen Menelik I. als Begründer der salomonischen Dynastie in Äthiopien gilt – mit Haile Selassie I. als 225. Nachfolger.

Wir wissen wenig über die Gottheiten, die man im Reich von Axum verehrte, bevor es im 4. Jahrhundert christianisiert wurde. Ezana (um 325–350) war ein mächtiger Fürst, der die Nachbarregionen beherrschte. Hundert Jahre später gelang seinem Nachfolger sogar der Sprung über das Rote Meer, der im Jahre 525 in der Eroberung von Saana, der Hauptstadt des Königreiches Saba, gipfelte.

Der Machtverfall des axumitischen Reiches begann mit der Ausbreitung des Islam im 7. Jahrhundert und der damit verbundenen Abschnürung des Handels in diesem Teil der Welt. Das christliche Königreich wurde von der übrigen Ökumene abgeschnitten, und am Ende des 10. Jahrhunderts war die erste Blütezeit Äthiopiens beendet. Auch die äußerlichen Merkmale einer Hochkultur verschwanden nach und nach spurlos: Die Städte zerfielen, die handwerklichen Fähigkeiten des mediterranen Raumes, die sich die Axumiten angeeignet hatten, gerieten in Vergessenheit. Auch das Prägen von eigenem Geld, über Jahrhunderte das Rückgrat des Handels, unterblieb fortan für lange Zeit. Der Warenaustausch mit weit entfernten Partnern wurde in erwähnenswertem Umfang erst in unserem Jahrhundert unter Kaiser Haile Selassie wieder aufgenommen.

Mit der Machtübernahme durch die Zagwe-Dynastie verblaßte der Stern Axums rasch. Es begann eine Zeit der äußeren Bedrängnis durch muslimische Invasionen, denen die äthiopischen Herrscher wenig mehr entgegenzusetzen hatten als den steten Rückzug ins uneinnehmbare Innere ihres Herrschaftsgebietes. Die natürlichen Barrieren der Gebirgslandschaft retteten sie vor der vollständigen Eroberung durch den Islam. Unter König Lalibela enstand in der Hauptstadt Roha des arg bedrängten Reiches, im 12. Jahrhundert eine Vielzahl monolithischer Kirchen, deren Faszination den Betrachter auch heute noch gefangen nimmt. Das ehemalige Roha kennen wir heute unter dem Namen seines berühmten Königs, Lalibela.

Bis Mitte des 13. Jahrhunderts durchlebte Äthiopien diese Zeit der inneren und damit auch äußeren Schwäche. In dem Maße, wie die Kraft Axums nachließ, verlagerte sich das politische und wirtschaftliche Schwergewicht nach Süden, eine Entwicklung, die bis ins 20. Jahrhundert anhielt.

Mit Kaiser Jekuno Amlak aus der wiederhergestellten salomonischen Dynastie enden 1270 die Jahrhunderte der Zerrüttung. Im ersten großen schriftlichen Werk der neuen Periode, dem *Kebra Nagast* („Herrlichkeit der Könige"), wird zusammengefaßt, was in damaliger Zeit an Mythen und Glauben vorhanden war. Insbesondere enthält das Geschichtswerk die ausführliche Schilderung jener Verbindung zwischen Salomo und der Königin von Saba. Am Ende folgt eine Reihe von Vorhersagen und Verheißungen, die Äthiopien neben Rom als zweites Zentrum der Christenheit rühmen und ihm auftragen, bis zum Jüngsten Tage im Namen Gottes Gerechtigkeit auf Erden zu üben. Siebenhundert Jahre war dieser Kanon im Prinzip gültig und diente zur Untermauerung des Anspruchs, das eigentlich auserwählte Volk Gottes zu sein. So lautete denn auch einer der Kaisertitel „Auserwählter Gottes".

Erst im 17. Jahrhundert kam es zur Gründung einer neuen, mit Axum vergleichbaren Hauptstadt. Wie in Europa entstanden Pfalzen, in denen der umherziehende Kaiser eine zeitlang wohnte und in deren Umgebung sich bescheidenes urbanes Leben entwickelte. Wie hierzulande waren die Menschen ihm tributpflichtig; er übte die oberste Gerichtsbarkeit aus und kämpfte jeden Widerstand nieder. Ein starker Herrscher bedeutete Frieden und Fortschritt, Schwäche im Machtzentrum hingegen führte, besonders im 18. und 19. Jahrhundert, zu Niedergang und feudaler Zergliederung des Reichsgebiets.

Die salomonischen Herrscher namen den Auftrag Jesu an seine Jünger, „gehet hin in alle Länder", wörtlich und verleibten ihrem Reich nach und nach die südlich gelegenen Regionen ein. Als typische Hochländer waren sie nicht an den heißen Ebenen entlang des Roten Meeres oder im Sudan interessiert, sondern an den klimatisch angenehmen Gegenden westlich des Grabenbruchs, die oberhalb 1.500 Meter lagen. Allerdings waren diese Gegenden dicht besiedelt und in viele kleine

Sogenannte Loge des Königs Lalibela gegenüber der Marienkirche Bete Marjam in Lalibela (vgl. S. 66-75). Der Überlieferung zufolge erwies der königliche Bauherr dieser Felsenkirche seine besondere Gunst, indem er hier täglich an der Messe teilnahm.

feudale Herrschaften aufgeteilt. Kaiser, Fürsten und hochgestellte Abenteurer versuchten, durch Beutezüge Landbesitz zu erlangen. Nach erfolgreicher Unterwerfung der lokalen Herrscher bildeten sie eine dünne Oberschicht, die ohne Zweifel im Laufe der Jahrhunderte kulturell Einfluß nahm, aber den beherrschten Völkern fremd blieb. Wegen der geringen Vermischung blieben auch die ethnischen Unterschiede weiterhin lebendig. Diese Konservierung der eigenen Werte hat Anfang der neunziger Jahre zur Gründung der heutigen Bundesrepublik Äthiopien geführt. Sie beabsichtigt, den Völkern des Landes endlich die vor Jahrhunderten verlorene Eigenständigkeit im Rahmen des föderalen Nationalstaates wiederzugeben.

Dem erneuten Aufstieg Äthiopiens zu einer regionalen Großmacht ab dem späten 13. Jahrhundert folgte eine erneute Schwächeperiode, eingeleitet durch einen Feldzug des Kaisers Lebna Dengel in der ersten Hälfte des 16. Jahrhunderts in das muslimische Reich der Somali namens Adal, das samt seiner Hauptstadt verwüstet wurde. In den Jahrhunderten zuvor hatten sich die muslimischen Nachbarreiche prinzipiell mit der starken äthiopischen Macht zum beiderseitigen Vorteil gut arrangiert. Jetzt, nach diesem unprovozierten Überfall, reagierten die geschlagenen Somali in Adal mit einer Gegenoffensive unter der Führung von Ahmed ibn Ibrahim al Gazi, bei den Äthiopiern als *Ahmed Granj* (Achmed der Linkshänder) in schrecklicher Erinnerung. Er machte seine Beutezüge ins äthiopische Hochland zum Bestandteil des „Heiligen Krieges", und während der folgenden 15 Jahre brandschatzte seine Reiterei Äthiopiens Klöster und Dörfer, und selbst die alte Kaiserstadt Axum wurde verwüstet. Bei diesen Raubzügen verbrannte beinahe das gesamte vorhandene Schrifttum, wurden die jahrhundertealten Kunstschätze des Reiches vernichtet und wahllos Christen getötet. Kaiser Lebna Dengel, dessen mißglückter Beutezug dieses Entsetzen verursacht hatte, war unfähig, sein Land zu verteidigen. Erst seinem Nachfolger Claudius gelang es, die äthiopische Verteidigung erfolgreich zu organisieren. Mit Hilfe eines portuguiesischen Expeditionskorps konnte er 1543 in der Nähe des Tanasees in Zentraläthiopien die Eindringlinge vernichtend schlagen und Ahmed Granj töten.

Die Portugiesen waren zufällig in der am Roten Meer gelegenen Hafenstadt Massaua gelandet und empfingen dort den Hilferuf des äthiopischen Herrschers. Unter ihrem Führer Christovao da Gama, einem Sohn des berühmten Seefahrers, eilten sie Kaiser Claudius zu Hilfe. Ahmed Granjs Witwe Bati del Wambara führte allerdings nach der Heirat mit einem Neffen ihres getöteten Gatten den Kampf noch 16 weitere Jahre fort. 1559 fiel auch Kaiser Claudius im Kampf gegen die muslimischen Feinde. Bis auf den heutigen Tag dient diese kriegerische Epoche äthiopischen Künstlern als Stoff für hochdramatische Gemälde im volkstümlichen Stil.

Die Muslime stellten in der Folgezeit keine wirkliche Bedrohung des äthiopischen Hochlandes mehr dar. Unerwartet heftig und folgenreich war allerdings der Aufbruch der Galla-Stämme aus der Bergregion im Südosten des Landes. Ihnen, denen die geographischen und klimatischen Gegebenheiten des Hochlandes bestens vertraut waren, gelang die Besetzung mehrerer Provinzen, wobei sie die dort siedelnde christliche Bevölkerung entweder vertrieben oder ermordeten. Allenfalls Assimilierung rettete dort das Leben. Es gelang den Galla, einen breiten Keil zwischen den Norden und den Südwesten zu treiben und dauerhaft besetzt zu halten. Durch ihn schufen sie eine Passage von Ost nach West und besiedelten die Westzone bis hin zum Sudan. Ihrer Verbindung zum Norden dadurch beraubt, lösten sich die kleineren christlichen Fürstentümer im Südwesten allmählich auf und vergaßen nach und nach ihr kulturelles Erbe, indem sie zum Heidentum zurückkehrten. Die Galla, heute allgemein als Oromo bezeichnet, wurden nach und nach zur größten ethnischen Gruppe im Lande, ein Umstand, dem die kaiserliche Verwaltung bis zu ihrem Ende die politische Anerkennung verweigerte, indem sie die Angehörigen dieser Gruppe weitgehend von einer Beteiligung an der Staatsmacht ausschloß. Nur in der Zentralprovinz Schoa, in der die spätere Hauptstadt Addis Ababa liegen sollte, kam es zu einer weitgehenden Vermi-

Buchmalerei (Tempera auf Pergament, ca. 33 x 45 cm) aus dem späten 17. Jahrhundert: Drachenkampf des hl. Georg und Madonna mit zwei bewaffneten Engeln. Kennzeichnend ist neben der generell stilisierenden Gestaltung die zeichenhafte Betonung der Augen. Bis ins 19. Jahrhundert widmete sich die äthiopische Wand-, Ikonen- und Buchmalerei fast ausschließlich religiösen Themen, in die sich nur zögernd profane Motive einnisteten.
München, Staatliches Museum für Völkerkunde, Inv.-Nr. 96-309651

Gang im Schloß des Kaisers Fasilidas in Gondar, der 1636 gegründeten Kaiserpfalz (vgl. S. 76-81). Über dem Torbogen erinnert der sechszackige Davidstern an die Herleitung der salomoischen Kaiserdynastie von Menelik I., dem Sohn der axumitischen „Königin von Saba" und König Salomo, dem Sohn König Davids.

schung der Oromo mit den Amhara und Tigre und zur Übernahme des christlichen Glaubens. Die Oromo Südostäthiopiens und des Westen nahmen dagegen den Islam an und stellten allein dadurch für die christlichen Zentralvölker einen Fremdkörper dar, dem man stets mißtrauisch gegenüberstand.

Die Hilfe der Portuguiesen unter Christovao da Gama blieb auch in anderer Hinsicht nicht ohne Folgen. Sie brachte die Jesuiten als Missionare ins Land und mit ihnen das katholische Christentum. Die Versuche, die Äthiopier ihrer eigenständigen, auch von der koptischen Kirche getrennten Staatskirche zu entfremden und zur Kirche Roms zu bekehren, waren zeitweise so erfolgreich, daß unter Kaiser Susenios der Katholizismus zur Staatsreligion wurde. Den nun einsetzenden Glaubenskampf beendete Susenios' Sohn, der 1632 als Kaiser Fasilidas den Thron bestieg. Er vertrieb die jesuitischen Missionare und erbaute im nördlichen Hochland ab dem Jahre 1636 Gondar als die erste wirkliche Hauptstadt des Reiches, nachdem Axum von der politischen Karte verschwunden war.

Trotz der Vertreibung der Portugiesen und ihrer Missionare blieb eine Erinnerung an sie in der Architektur Gondars bewahrt. Die Paläste, die Fasilidas errichten ließ, wirken teils wie indische, teils aber auch wie mittelalterliche portugiesische Burgen. Man spricht von einem indo-portuguiesischen Stil. Gondar sollte die letzte große Kraftanstrengung bis zur heutigen Zeit bleiben.

Im 18. Jahrhundert zerfiel das Reich in kleinere Herrschaftsbereiche, und die Kaiser in Gondar wurden zu Marionetten der lokalen Mächte, die sie nach Gutdünken ab- und wiedereinsetzten. Die Provinz Schoa führte unter einem Nebenzweig der salomonischen Dynastie ein Eigenleben, und der durch die Invasion der Oromo abgtrennte Südosten war endgültig dem Zugriff entzogen. Das Bandenwesen brachte den internen Warenaustausch praktisch zum Erliegen, jeglicher nennenswerte Außenhandel war ohnhin schon seit langem unterbunden.

In der ersten Hälfte des 19. Jahrhunderts erwuchs dem Land in der Person eines besonders erfolgreichen jungen Rebellen unerwartet ein neuer glanzvoller Führer, der alle anderen Lokalherren und Anwärter auf die Kaiserwürde unterwarf und im Jahr 1855 den Thron besteigen konnte. Er wählte mit Bedacht den Kaisernamen Theoderos, da es in einer mittelalterlichen religiösen Prophezeihung hieß, ein Mann dieses Namens werde Äthiopien eines Tages wieder vereinen und zu erneuter Größe führen. Nach anfänglichen Erfolgen beim Wiederaufbau des Reiches verübte Theodoros allerdings zunehmend Grausamkeiten an seinem Volk, und es mehrten sich Zeichen von Wahnsinn. So wandte er sich beispielsweise an Königin Viktoria von England und schlug ihr die Ehe vor, mit dem Hinweis, die beiden mächtigsten Herrscher der Erde gehörten zusammen! Als er auch noch die Emmisäre aus Europa in seiner Festung Magdala einkerkerte, schickte England 1868 ein Strafbatallion, das Magdala eroberte. Theodoros nahm sich das Leben.

Ein weiterer, nicht dem salomonischen Hause angehörender Kaiser, Johannes IV., versuchte das Reich zu erhalten, blieb aber glücklos. In diese Zeit fiel der Angriff der muslimischen Derwische unter dem Mahdi aus dem Sudan, nachdem diese in Khartum den britischen Gouverneur Gordon ermordet hatten und sich anschickten, ihre Macht in alle Richtungen auszuweiten. In der Provinz Schoa hatte ein Nachfahr der Salomoniden mit dem Krönungsnamen Menelik II. die Herrschaft übernommen. Auch dieser Name war bewußt gewählt, stellte er doch eine direkte Verbindung her zu dem ersten Menelik, dem Sohn Salomos und der Königin von Saba, dem mythologischen Stammvater des Kaiserhauses.

Mit Menelik II., Kaiser von 1889 bis 1913, kehrte Äthiopien in den Kreis großer Staatsgebilde zurück. 1896 kam es zu der berühmten Schlacht von Adua, in der die Italiener bei ihrem Versuch, von ihrer Kolonie Eritrea aus den Rest Äthiopiens einzunehmen, vernichtend geschlagen wurden. Menelik II. widerstand trotz Drängens seiner Heerführer der Versuchung, nachzusetzen und erkannte im Vertrag von Ucciali die italienischen Ansprüche auf Eritrea an. Die Bedeutung der Schlacht von Adua liegt insbesondere darin, daß hier erstmals eine afrikanische Streitmacht ein technisch weit überlegenes europäisches Heer schlagen konnte.

Unter Menelik II. erhielt der äthiopische Staat seine heutige Ausdehnung. Er unterwarf die Oromo, holte die lange verlorenen Gebiete im Süden und Südwesten zurück und leitete die Amharisierung des Reiches und eine starke Ausrichtung auf das Christentum ein. Auch die Öffnung des Landes nach außen konnte nun geschehen, und die wichtigsten Mächte der Jahrhundertwende richteten in der Hauptstadt Addis Abeba, die Menelik zu erbauen begann, ihre Vertretungen ein.

Nach Meneliks Tod im Jahr 1913 gab es unter seinem Neffen Lidsch Jassu und danach unter der Regentschaft seiner Tochter Sauditu Befürchtungen, das Reich könne abermals zerfallen. In dieses Machtvakuum trat Ras Teferri, der sich 1930 als Haile Selassie I. zum Kaiser krönen ließ. Er trieb die Zentralisierung und Modernisierung des Reiches voran, schaffte die bis dahin noch praktizierte Sklaverei ab und gab dem Lande 1931 die erste schriftliche Verfassung. Sein dramatischer Auftritt im Jahr 1935 vor dem Völkerbund in Genf, mit dem er um Unterstützung des nicht-faschistischen Europa und Amerika gegen den drohenden Angriff Italiens bat, verhallte ungehört. Um der Festsetzung durch die Italiener zu entgehen, nahm er im selben Jahr das Angebot Großbritanniens an, nach Bath ins Exil zu gehen. Zwar konnte das faschistische Italien unter Mussolini 1935/36 Äthiopien erobern, doch bereiteten die alliierten Gegner im 2. Weltkrieg bereits 1941 diese Episode, und Haile Selassie I. konnte im Triumphzug zurückkehren. 1952 wurde auf Beschluß der UNO eine Föderation zwischen der ehemaligen italienischen Kolonie Eritrea und Äthiopien vereinbart, die der Kaiser 1962 später einseitig durch die Annexion von Eritrea beendete.

1955 bekam das Land eine neue Verfassung. Ein Neuerer zu Beginn seiner Herrschaft, der versuchte, sein absolutistisch regiertes mittelalterliches Reich in die Neuzeit zu führen, wurde Haile Selassie I. im Alter ein Zauderer und verhinderte dringende Reformen. Große persönliche Verdienste erwarb sich der Kaiser bei der Gründung der Organisation für Afrikanische Einheit (OAU), die ihren Sitz in Addis Abeba erhielt, ebenso die wichtige Unterorganisation der Vereinten Nationen, die Economic Commission for Africa (ECA).

Beide Organisationen haben entscheidend zum Vorteil Äthiopiens gewirkt. Allerdings machte die künstliche Verlängerung einer nicht mehr zeitgemäßen Regierungsform den völligen Zusammenbruch des Kaiserreiches im Jahr 1974 unabwendbar und führte zur Machtübernahme durch eine ideologisch dem Sozialismus sowjetischer Prägung verhaftete Offiziersclique unter Mengistu Haile Mariam.

Die sich bereits 1961 abzeichnende zwangsweise Eingliederung Eritreas als 14. Provinz in den Staatsverband war der Auslöser für die Gründung der Eritreischen Befreiungsfront (ELF). Nach erfolgter Einverleibung Eritreas im folgenden Jahr begann die ELF mit ägyptischer Duldung von Kairo aus einen Sezessionskrieg, der beiden Seiten ungeheure Opfer abverlangte und schließlich am 24. Mai 1993 zur Gründung der Republik Eritrea führte.

Bereits 1964 kam es zur ersten Auseinandersetzung mit der jungen Nachbarrepublik Somalia. Sie beanspruchte den Ogaden, der von ethnischen Somali besiedelt ist.

Ein zweiter, beinahe erfolgreicher Versuch Somalias, äthiopisches Territorium zu erobern, erfolgte 13 Jahre später. Inzwischen war der Kaiser gestürzt, und die Militärjunta bat die bis dahin mit Äthiopien verbündete USA um Militärhilfe. Präsident Carters Weigerung, den neuen sozialistischen Machthabern gegen den somalischen Aggressor beizustehen, rief die Sowjetunion auf den Plan. Für zwölf weitere Jahre wurde Äthiopien zum Vasallen der Sowjets, die das Land massiv aufrüsteten und den immer grausameren Bürgerkrieg finanzierten. Somalia wurde vernichtend geschlagen. Diese Niederlage markiert den Anfang des politischen Zerfalls der Republik.

Besondere Aufmerksamkeit wurde Äthiopien unter der Militärjunta durch die DDR zuteil. FDJ-Brigaden halfen mit, das Land nach sowjetischem Vorbild zu verändern; Engels, Marx und Lenin waren in der Hauptstadt allgegenwärtig. Afrikas einzige Marxbüste wurde gegenüber der Universität als Geschenk der DDR aufgestellt.

Der Zusammenbruch der Sowjetunion und das damit verbundene Ausbleiben der Militärhilfe für den Diktator Mengistu führte im Zusammenwirken mit den oppositionellen Guerillaarmeen Eritreas und der Nordprovinz Tigray im Mai 1991 zur Vertreibung Mengistus und zur Übernahme der Macht durch einen Zusammenschluß aller Guerillabewegungen. Deren Führer Meles Zenawi wurde Präsident. 1995 übergab er dieses Amt, zum Ministerpräsidenten gewählt, an Dr. Negaso Gidada, einen Oromo. Die neue Regierung verfolgt eine nicht unumstrittene Ethnienpolitik. Die Schaffung von Bundesländern entlang ethnischer Grenzen wird von den Gegnern dieser Politik als Einladung zur Aufkündigung der Staatseinheit angesehen, zumal das Recht auf staatliche Autonomie nach Einhaltung gewisser Verfahren den einzelnen Bundesländern ausdrücklich zugestanden wird. Andererseits hat sich die Idee eines straff gelenkten Zentralstaates eindeutig als nicht mehr praktikabel erwiesen. Seit der Vertreibung des Diktators, der in Zimbabwe Zuflucht fand, bemüht sich die neue Regierung, die Bürgerkriegsfolgen zu lindern und das Land in allen Bereichen wieder aufzubauen.

Der tragische, im Mai 1998 in offener Feldschlacht ausgebrochene Grenzkonflikt zwischen Äthiopien und Eritrea konterkariert auf dramatische Weise die bisher bekundete Absicht beider Länder, die tiefen Wunden der Vergangenheit zu vergessen und alle Kraft für eine friedliche Zukunft einzusetzen. Die Gefahr, daß Gruppierungen von innen wie von außen die Lage ausnutzen könnten, um alte Rechnungen zu präsentieren, ist enorm groß. Ginge die Region den Weg der Gewalt, würde ein Szenario entstehen, vor dem selbst der krisengewohnte afrikanische Kontinent erschrecken müßte.

Nach dem Zweiten Weltkrieg, in dem er dank der Befreiung Äthiopiens von der italienischen Okkupation 1941 aus dem englischen Exil zurückkehren konnte, ließ Kaiser Haile Selassie I. die Kirche Debre Libanos errichten (vgl. S. 85). Sie befindet sich nordwestlich von Addis Abeba.

MAKEDA ODER BILQUIS?

Die Geschichte der Königin von Saba

Fragt man einen Jemeniten nach Bilquis, der Königin von Saba, so nimmt er sie, ohne zu zögern, für die arabische Nation in Anspruch und zitiert Suren aus dem Koran, die Zeugnis von ihr ablegen. Fragt man einen Äthiopier nach derselben Herrscherin, die ihm unter dem Namen Makeda bekannt ist, so erklärt er mit der gleichen Überzeugung, sie sei eine äthiopische Königin gewesen. Sie habe König Salomo einen Knaben namens Menelik geboren, der ihn zum ersten König über Äthiopien gesalbt habe.

Während das Alte Testament im 1. Buch der Könige und im 1. Buch der Chronik jene Begegnung zwischen Salomo und der (hier namenlosen) Königin von Saba als historische Episode überliefert, wurde die Herrscherin im Talmud zur dämonischen Verführerin Lilith. Im Neuen Testament spricht Jesus von der „Königin des Südens" als einem gleichsam vorchristlichen Beispiel gläubiger Bereitschaft, Weisheit zu empfangen: Sie „wird beim Gericht gegen diese Generation auftreten und sie verurteilen; denn sie kam vom Ende der Erde, um die Weisheit Salomos zu hören. Hier aber ist einer, der mehr ist als Salomo" (Matthäus 12, 42; ebenso Lukas 11, 31). Hierauf gründen sich die Legenden, die der Königin von Saba einen Platz in der Geschichte des „Wahren Kreuzes" einräumen: Als die Königin von Saba auf ihrem Weg zu Salomo ein Gewässer überquerte, erkannte sie in den Balken der Brücke das Holz des zukünftigen Kreuzes Jesu, das im 4. Jahrhundert von der hl. Helena, der Mutter Konstantins des Großen, in Jerusalem wiederentdeckt wurde. Besonders eindrucksvoll schildern die Fresken von Piero della Francesca in der Kirche San Francesco in Arezzo (1452–60) diese Szenenfolge mit der verehrend vor der Brücke knienden Königin. Ob sie aber je gelebt hat, ist bis heute unbewiesen. Es gibt Erklärungen, nach denen sabäische bzw. arabische Herrscherinnen zu dieser einen mythischen Gestalt verschmolzen seien, oder daß es sich um eine Sabäerin aus dem weit im Norden liegenden Teil des Reiches gehandelt hat.

Unbestreitbar aber ist, daß ohne die Legende vom Treffen der schönen Sabäerin mit König Salomo in Jerusalem und dem gemeinsamen folgenreichen Liebesabenteuer der Anspruch des salomonischen Kaiserhauses in Äthiopien nicht hätte begründet werden können. Kaiser Haile Selassie I. war nach offizieller Lesart der 225. und vorerst letzte Nachfolger Meneliks I. auf dem äthiopischen Thron. Die äthiopische Version der Geschichte von der reichen Schönen und dem weisen König stammt aus dem 14. Jahrhundert. Sie ist im ersten grundlegenden Geschichtswerk des Landes, im *Kebra-Negast*, überliefert, dessen Titel soviel wie „Die Herrlichkeit der Könige" bedeutet. Welches nun sind die Fakten, wo beginnt die Dichtung?

Das Reich von Saba war wohl das älteste und auch wichtigste in Südarabien, einer Gegend, in der zahlreiche solcher Staaten weit vor unserer Zeitrechnung existierten. Aber Genaues über dieses Reich ist nicht bekannt. Im historischen Jemen werden Tempel und Staudämme sabäischen Baumeistern zugeordnet. Richtig ist sicher auch, daß es in diesem Teil Arabiens Königinnen gegeben hat. *Arabia Felix*, „Glückliches Arabien", nannten die Römer den südlichen Teil der arabischen Halbinsel und in der Tat muß dort großer Reichtum geherrscht haben. „Saba" wurde ein Synonym für Wohlstand. Grundlage dieses Reichtums waren Weihrauch und Myrrhe, für deren Produktion Südarabien offenbar das Monopol besaß. Dazu kamen Waren vom indischen Subkontinent, die von dort dank günstiger Monsunwinde in den sabäischen Häfen Aden und Quana angelandet wurden und auf der Weihrauchstraße, die bis in unser Jahrhundert benutzt wurde, in die alte mediterrane Welt umgeschlagen wurden. Nimmt man die Ausdehnung der antiken Welt zum Maßstab, so muß von einer der wichtigsten Welthandelsstraßen der damaligen Zeit überhaupt gesprochen werden. Für die Ägypter waren die Küsten des Erythräischen Meeres, des heutigen Roten Meeres, die Gegend, wo sagenhafte Schätze zu finden waren. Sie nannten das Land *Punt*, und bekannt ist zumindest eine große Expedition in die südliche Nachbarregion unter Königin Hatschepsut im 15. Jahrhundert v. Chr. Um diese Zeit war es gelungen, das Kamel zum Haus- und Nutztier zu zähmen. Große Lastkarawanen waren jetzt möglich, der „Lastwagen" der arabischen Welt war damit erfunden. Bei Plinius dem Älteren lesen wir, daß die Kamele für die rund 3000 Kilometer lange Strecke der Weihrauchstraße 65 Tage benötigten. Wie international der Handel war und für viele Jahrhunderte blieb, belegt eine Inschrift aus dem 3. Jahrhundert v. Chr., nach der König Yalit im Hadramaut in Al Ukla Gesandte aus dem fernen Indien, aus Griechenland und Vorderasien empfangen hat.

Bis ins 4. Jahrhundert n. Chr. war Saba ein mächtiger Staat von hoher kultureller Blüte.

Die sabäische Schrift und Kultur, deren Zeugnisse seit dem 7. Jahrhundert v. Chr. zahlreicher werden, gelangten mit den einsetzenden größeren Auswanderungswellen auch an das afrikanische Ufer und ins angrenzende Hochland von Äthiopien. Im nordäthiopischen Axum fanden sich Inschriften aus späterer Zeit, die zwar in sabäisch abgefaßt sind, aber sprachliche Eigenständigkeiten aufweisen, die darauf schließen lassen, daß das Sabäische lange genug gebräuchlich war, um Veränderungen aufzunehmen.

Das Reich Axum erstarkte zu der Zeit des Niedergangs von Saba, und ab dem 2. Jahrhundert n. Chr. gab es äthiopische Versuche, die Ländereien Sabas zu erobern. Endgültig gelang dies im Jahre 525, als die christlichen Äthiopier ihren verfolgten Glaubensbrüdern in Südarabien zu Hilfe eilten. Doch lange konnte Äthiopien seinen Besitz nicht halten, zumal sein letzter Gouverneur Abraha eine Revolte gegen Axum ausnutzte und sich zum König von Saba ausrief. Durch eine Inschrift im Staudamm von Marib ist überliefert, daß er 541 die wohl letzte größere Instandsetzung dieser gewaltigen Anlage vornehmen ließ. Noch zu Lebzeiten des Propheten und Religionsstifters Mohammed, der 632 in Medina starb, nahm Südarabien offiziell den Islam an, und die christliche Epoche unter äthiopischer Herrschaft fand hier ihr Ende.

In Axum lebte die Geschichte der Königin von Saba fort. Es vergingen allerdings weitere sechshundert Jahre, bevor ihr als Makeda von Äthiopien die Ehre zuteil wurde, die Reichsidee dynastisch abzusichern. Ab dem 8. Jahrhundert verfiel die Macht Axums zunehmend. Ohne Zweifel hing dies auch mit der Ausbreitung des Islams zusammen, der das seit dem 4. Jahrhundert christliche Reich immer enger umschloß und seiner internationalen Handelswege beraubte. Eine neue Dynastie, die der Zagwe, usurpierte die Macht und verdrängte die angestammte salomonische Linie. Gleichzeitig verlagerten die neuen Herren den politischen Schwerpunkt weiter südlich, in die Provinz Lasta. Erst zu Beginn des 14. Jahrhunderts, nach Wiedereinsetzung der salomonischen Linie in die Königsrechte, wurde die mündlich überlieferte Legende im *Kebra Negast* niedergeschrieben. Und es ist nicht irgendwer, der da schreibt, sondern der Gouverneur und Prior von Axum, des religiösen Zentrums im Norden. Es ist wichtig, diesen geschichtlichen Hintergrund bei der Lektüre der „Herrlichkeit der Könige", dieses Hauptwerks der äthiopischen Literatur, präsent zu haben. Denn politisch gesehen verfolgte die Festschreibung und Verherrlichung der salomonischen Abstammung des Herrscherhauses die Absicht, die Person des jeweiligen Monarchen unangreifbar, als von Gott erwählt erscheinen zu lassen.

So behandelt im *Kebra Negast* eine der Geschichte der Salomoniden vorgeschaltete Episode bereits ebenfalls das Thema der Untertanentreue. Auf die Herrschaft der Zagwe-Könige anspielend wird erzählt, der Vater der Königin Makeda habe sie zu seiner Nachfolgerin bestimmt. Das Volk aber habe ihr nach dem Tod des Abados den Thron verweigert. Nun hatte der Vater zu Lebzeiten einen Drachen getötet, der das Land verwüstete; in anderen Erzählungen heißt es, man habe ihm stets die erstgeborenen Töchter opfern müssen. Makeda nun, aus Rache für den Wortbruch ihres Volkes, beschwört am Grabe des Drachen dessen Geist und bringt das Unge-

Dem Besucher der ehemaligen Krönungskirche Marjam Tsion in Axum wird die Kontinuität der äthiopischen Königs- bzw. Kaiserherrschaft vor Augen geführt: Krone reiht sich an Krone. Hier, in Axum (und im fernen Jerusalem), wurzelt nach äthiopischer Überlieferung die salomonische Dynastie von Menelik I. bis zu dessen 225. Nachfolger Haile Selassie I.

heuer ins Leben zurück. Es beginnt, die Feinde in großen Mengen zu verschlingen, und erst als das Volk ihr die Treue verspricht, tötet Makeda eigenhändig das Untier. Während in der arabischen und jüdischen Überlieferung ein Tropfen des Drachenblutes auf ihren Fuß fällt und dort entweder eine Verunstaltung oder eine Behaarung hervorruft, ist die Moral der Geschichte für die Äthiopier klar: Ein Herrscher hat immer, auch in der Not, übernatürliche Verbündete, die seine Machtansprüche durchzusetzen helfen. Diesen Absolutheitsanspruch haben hernach alle Herrscher beansprucht. Das Gottesgnadentum des Kaisers wurde erst durch die sozialistische Revolution 1974 endgültig abgeschafft.

Doch zurück zum Ursprung des Christentums in Äthiopien. Nach seiner Annahme durch König Ezana im 4. Jahrhundert wurden Altes und Neues Testament im Reich bekannt, mit ihm auch die Passagen, die von der Sabäerin bzw. „Königin des Südens" handeln. Ihr Zusammentreffen mit Salomo wird im *Kebra Negast* ausgebaut und zur zentralen Begebenheit. Ab dem 21. Kapitel erzählt der Verfasser ausführlich, wie der Abgesandte Salomos – bezeichnenderweise ein äthiopischer Händler – mit dem Auftrag an den Hof der Makeda kommt, dort um Unterstützung für die Errichtung des Großen Tempels in Jerusalem zu bitten. Durch die Erzählungen des Emmissärs über die Weisheit des jüdischen Herrschers neugierig gemacht, bricht die Königin mit einer riesigen Karawane auf. Der Erzähler, der sich als „bedürftiger Isaak" bezeichnet, spricht von 797 hochbeladenen Kamelen, die in Marsch gesetzt werden. Das Zusammentreffen in Jerusalem, Makedas Erstaunen über die prächtige Stadt, den Palast und die Weisheit seines Herren werden in den folgenden Kapiteln ausgiebig geschildert.

Die schöne Besucherin will Salomos Weisheit auf die Probe stellen, indem sie ihm Rätsel aufgibt. So läßt sie Knaben und Mädchen in gleiche Kleider stecken und den König raten, wer wer ist. Der aber wirft Äpfel in die Schar, und die Knaben sammeln ungeniert so viele Früchte, wie sie bekommen können, die Mädchen halten sich dagegen bescheiden zurück. Auch Sträuße schönster Blumen stellt sie in einiger Entfernung auf und läßt ihn raten, welche davon künstlich und welche frisch seien. Er rät es ohne Fehl und gibt ihr zur Antwort, daß über den natürlichen Blumen die Bienen summten, aber über den künstlichen nur häßliche Fliegen.

Fünf Kapitel später, im 29. und 30., wird dann das für Äthiopien wichtigste Ereignis abgehandelt. Salomo möchte sein Ziel, mit seiner Besucherin zu schlafen, durch eine List erreichen. Sie hat sich während des ganzen Aufenthaltes standhaft seiner Begierde verweigert und verkündet, am nächsten Morgen abreisen zu wollen. Salomo nimmt ihr das Versprechen ab, ihm zu Willen zu sein, wenn sie in der letzten Nacht etwas von dem nimmt, was ihm gehört. Das Nachtmahl läßt er besonders stark würzen und stellt sein Bett in Makedas Schlafgemach, dazu einen Krug mit frischem Wasser. Makeda schläft zwar ein, wird aber vor Durst nachts wach. Im Glauben, Salomon schlafe fest, schleicht sie sich zum Krug, um zu trinken. Der wachgebliebene König stellt sie zur Rede, und sie muß ihm zu Willen sein.

Bevor sie abreist, gibt Salomo ihr einen Ring. Den soll sie ihrem Sohn, wenn sie einen gebären sollte, geben, auf daß der Vater sein Kind erkennen könne. Sie wiederum verspricht, ihren Erstgeborenen zum König über Äthiopien zu erheben. Nach ihrer Heimkehr gebiert Makeda tatsächlich einen Sohn, den sie Menelik tauft und als jungen Mann nach Jerusalem schickt, wo ihn sein Vater salbt und segnet. Salomo ist offensichtlich so begeistert von seinem Sproß, daß er ihm, so heißt es im *Kebra Negast*, die Königswürde seines Großreichs anbietet. Doch Menelik sehnt sich nach Mutter und Heimat. Endlich läßt Salomo ihn ziehen, nicht ohne vorher die Notablen an seinem Hofe angewiesen zu haben, ihre erstgeborenen Söhne zu Meneliks Begleitung mitzuschicken, da ja auch er seinen Erstgeborenen verliere.

Die jungen Männer können sich ein Leben fernab der heiligen Bundeslade nicht vorstellen und beschließen, sie heimlich mitzunehmen. Menelik erfährt vom Diebstahl erst, als sie schon nach Afrika übersetzen, und ist überglücklich, das Heiligtum in seine Heimat überführen zu können. Makeda überläßt ihm den Thron und nimmt den Fürsten des Reiches den Eid ab, daß nie ein anderer als ein Nachkomme Salomos über sie herrschen dürfe. Damit war der Anspruch der salomonische Dynastie begründet. Noch in der zweiten Verfassung Äthiopiens aus dem Jahre 1955 heißt es in Artikel 2: „Die Würde des Kaisers soll verbunden bleiben mit der Linie, die ohne Unterbrechung herführt vom Geschlecht Meneliks I."

Der Koran erzählt die Legende anders. Hier spielt der behaarte Fuß der Bilquis ein wichtige Rolle. Dämonen am Hofe Salomos befürchten, er werde der Schönheit der Besucherin erliegen und sie heiraten. Deshalb berichten sie ihm von ihrem Makel, dem „Eselsfuß". Daraufhin läßt der König vor Eintreffen der Besucherin den Boden des Empfangsaals so polieren, daß der Eindruck entsteht, er stehe unter Wasser. Dies glaubt Bilquis denn auch, lüftet ihr Gewand, und der vom Drachenblut entstellte Fuß wird sichtbar. Doch Salomon ist von der Klugheit ihrer Fragen so angetan, daß er schließlich seinen Dämonen befiehlt, Bilquis von diesem Makel zu befreien. So geschieht es. Anschließend, so heißt es im Koran, traten beide zum Islam über.

Daß die Darstellung der Saba-Legende eines der beliebtesten Themen äthiopischer Maler ist, überrascht nicht. Interessant ist die Art der Darstellung. Wie auf einer Moritatentafel, wo sich Bild an Bild reiht, wird auch die Reise der Negestä Azeb, der „Königin des Südens", wie sie in der Kirchensprache Geez benannt wird, in Form vielteiliger Bildsequenzen mit bis zu 70 Einzelszenen geschildert. In die Literatur Äthiopiens hat die Legende kaum Eingang gefunden, jedoch wurden nach der Vertreibung der Italiener aus Äthiopien Mädchen häufig auf die Namen Saba, Azeb oder Makeda getauft.

Mit der Abschaffung der Monarchie verschwand die Legende während der Diktatur vorübergehend aus der Öffentlichkeit. Seit 1991 herrscht im Lande weitgehend Frieden, in dem die orthodoxe Religion eine Renaissance erfahren hat. Auch die Legende der Königin von Saba wird nun wieder gerne erzählt und gemalt.

International vermittelt die jüngste, vielteilige Bibelverfilmung die Kenntnis, daß die Stammutter des äthiopischen Herrscherhauses als „Königin von Saba und Axum" regiert hat. So jedenfalls führt der Zweiteiler „Salomo" (deutsche Erstsendung im Fernsehen an den beiden Pfingstfeiertagen 1998) den Auftritt der Protagonistin des zweiten Teils ein, der sich fast ausschließlich mit der königlichen Liebesgeschichte befaßt und Menelik der Einfachheit halber bereits in Jerusalem zur Welt kommen läßt. Mittelbar wirkt das Lilith-Motiv nach, denn den für kurze Zeit monogamen, von seiner Geliebten verlassenen König befallen Zweifel am Monotheismus. Er verfällt (unter dem Vorwand der Toleranz) dem Götzendienst, von dem auch die Bibel – ohne ursächlichen Zusammenhang mit der „Königin von Saba" – zu berichten weiß. Dies erregt Opposition und Zwietracht. Insofern ist die äthiopische Schöne, den Drehbuchautoren zufolge, schuld an der Teilung des von König David begründeten jüdischen Großreichs nach Salomos Tod in die beiden Teilreiche Israel und Juda.

Die Legende der „Königin von Saba", dargestellt in 25 Einzelszenen. Die Bilderzählung (Öl auf Leinwand, 86 x 135 cm) wurde um 1930 von einem namentlich nicht überlieferten äthiopischen Künstler im traditionellen Stil geschaffen. Szenen 1-11: Ababos bekämpft den Drachen, erhält als Dank die Königskrone und bestimmt seine Tochter Makeda als Nachfolgerin. Szenen 12-19: Durch einen seereisenden Kaufmann erfährt Makeda von der Weisheit und dem Reichtum des Königs Salomo. Sie beschließt, ihn aufzusuchen, und wird in Jerusalem mit ihrem Gefolge gastlich aufgenommen. Szenen 20-25 (unterste Reihe): Dem Gastmahl im größeren Kreis folgen ein intimes Mahl mit Makeda und der Beischlaf. Als Makeda darauf besteht, in ihre Heimat zurückzukehren, erhält sie vom König zwei Ringe als Kennzeichen für seine, mit Makeda und ihrer Dienerin gezeugten, noch ungeborenen Kinder.

München, Staatliches Museum für Völkerkunde, Inv.-Nr. 1-1321

AXUM

Das „Rom Äthiopiens“

Auf keine Stadt blickt Äthiopien mit mehr Stolz als auf Axum, die traditionelle Krönungsstadt. Hier soll Makeda, die legendäre Königin von Saba, geherrscht haben, die Mutter Meneliks I., des Begründers der salomonische Dynastie. Dem Volksglauben zufolge wird in Axum bis heute die Bundeslade aus dem Tempel von Jerusalem aufbewahrt, von deren Entführung die Makeda-Legende berichtet.

Weltberühmt ist Axum aufgrund seiner monumentalen, den ägyptischen Obelisken vergleichbaren Stelen aus dem 5. und 4. Jahrhundert v. Chr., die zum Weltkulturerbe des UNESCO gehören. Die höchste ragte, sofern sie nicht bereits beim Aufstellen umgestürzt ist, 34 Meter empor und gehörte zu den größten Monumenten des Altertums.

Der Ursprung der Stadt liegt im dunkeln. Ihre Könige machten sie von Beginn unserer Zeitrechnung an zum Mittelpunkt eines bedeutenden Reiches. Auf dem Zenith seiner Macht gebot es über ganz Nordäthiopien – das heutige Eritrea eingeschlossen –, über Teile Ägyptens, des Sudan und sogar des Jemen mit seiner alten Haupstadt Marib. Obwohl anzunehmen ist, daß es im 1. Jahrtausend v. Chr. eine ganze Reihe kleinerer Staatsgebilde in Nordostafrika gegeben hat, so vermochten sich die Herrscher von Axum offenbar über alle anderen zu erheben.

Man kann davon ausgehen, daß Axum eine koloniale Gründung sabäischer Einwanderer war. Die semitischen Ankömmlinge trafen hier auf kuschitische Stämme und die hier siedelnden Argaw. Welche Gottheiten vor dem Zuzug aus *Arabia Felix* verehrt wurden, wissen wir nicht. Erste Inschriften aus der sabäischen Zeit belegen die Anbetung der Sonnengöttin, des Mondgottes und des Fruchtbarkeitsgottes Athar – eine göttliche Dreiheit, die auch jenseits des Roten Meeres verehrt wurde. Die südarabischen Sabäer gründeten an der afrikanischen Küste Handelsposten, die sich zu Häfen entwickelten. Das antike Adulis am Roten Meer nahe Massaua wurde das Einfallstor für alle Fremden, die in Folge an seinen Gestaden auftauchten. Gleichzeitig aber ermöglichte es später der Metropole Axum, ihren Kontinente umspannenden Handel abzuwickeln.

Steil führte die Karawanenstraße von der Küste nach Koloe, dem heutigen Kohaito, und von dort über Jeha bis nach Axum. Die als Ruinen erhaltenen Tempel in Jeha sind noch ganz im südarabischen Stil erbaut. Riesige Quader wurden mörtellos aufeinandergetürmt, die kubischen Formen aus der Heimat übertragen. Auch kleinere Staudämme legten die neuen Herren an, so wie sie es in Marib in grandiosen Proportionen getan hatten. Sie brachten den Kuschiten den Pflug und revolutionierten so die Landwirtschaft. Obwohl ihre kulturelle Überlegenheit dazu führte, ihre Schriftsprache letztlich zur Staatsprache werden zu lassen, so fand doch auf ethnischer Ebene eine völlige Verschmelzung mit der ansässigen Bevölkerung statt. Damals entwickelte sich der Menschenschlag, der bis heute in Nordäthiopien zu finden ist. Die Semiten steuerten die körperlichen Merkmale, die Kuschiten die dunklere Tönung bei.

Aus dem Sabäischen, das hier vielleicht tausend Jahre lang gesprochen wurde, entwickelte sich das Geez, aus dem wiederum einige Jahrhunderte später das Tigrinna und die spätere Staatssprache Amharisch hervorgingen. Am Königshof zu Axum wurde mit Sicherheit auch Griechisch gesprochen; wahrscheinlich war es sogar für einige Zeit offizielle Hofsprache. Zum einen weiß man dies aus Inschriften, zum anderen aus dem *Periplus Maris Erythraei*, einer Art Segelhandbuch und Reisebeschreibung für Kaufleute, die das Rote Meer, den Indischen Ozean und den Arabisch-Persischen Golf bereisten. Dieser *Periplus* stammt aus der zweiten Hälfte des 1. Jahrhunderts n. Chr.; der Verfasser war wohl ein Griechisch sprechender, seekundiger Kaufmann aus Ägypten. Hier wird Axum bereits als Reich mit Hauptstadt und Hafen beschrieben. Ein weiterer griechischer Text aus dem 2. Jahrhundert n. Chr. erzählt von den Heldentaten eines Königs, der Ares, Poseidon und Zeus, also griechischen Göttern, opferte.

Die frühe Hochkultur Axums wird auch durch zahlreiche Münzfunde belegt. Vermutlich hat es im Königreich seit dem 2. Jahrhundert v. Chr. eigenes Hartgeld gegeben. Es wurde aus Bronze, Gold und Silber geschlagen. Über fünfhundert verschiedene Münzen sind bisher gefunden worden, und weitere Grabungen werden diese Zahl aller Voraussicht nach noch weiter erhöhen. Die ersten Münzen trugen griechische Schriftzeichen und korrespondieren mit den steinernen Zeitzeugen. Später wechselt dann die Beschriftung ebenfalls zum Geez. Die bis zum 10. Jahrhundert ausgegebenen Münzen haben den Geschichtsforschern beste Dienste geleistet. Die Münzprägungen tragen nämlich den Namen der Herrscher der jeweiligen Regierungsperiode, gelegentlich gibt es auch Hinweise auf die Abstammung

Im Hain der Stelen von Axum ragen bis 23 Meter hohe Trachyt-Monolithen in den Himmel. Es sind wahrscheinlich Denkmäler verstorbener Herrscher aus dem 5. und 4. Jahrhundert. Sie geben in überhöhter Form die damalige Konstruktion mehrerer Stockwerke in Holzfachwerk wieder.

und auf die Religion des Königshauses. Diese war gemeinhin auch die der Untertanen. So finden sich vor der Christianisierung des Reiches auf manchen Münzen die sabäischen Mond- und Sonnengottheiten, während nach dem Religionswechsel im 4. Jahrhundert das Kreuz an deren Stelle tritt. Gelegentlich wurden auch christliche Losungen auf den Münzen inskribiert.

Mit der Christianisierung änderte sich auch die Architektur in Axum. Nicht mehr die glatten Kubusformen wurden errichtet, sondern gegliederte Fachwerkbauten, deren Grundzüge bis heute den traditionellen Hausbau des Nordens bestimmen. Die Großbauten Axums weisen entweder überkragende oder zurückspringende Mauerbänder auf oder aber eingelegte und einander überschneidende Balken, deren Enden, ähnlich denen bei amerikanischen Blockhütten, über die Ecken hinausragen und den Spitznamen „Affenköpfe" erhielten. Das älteste erhaltene freistehende Gebäude Äthiopiens, die Klosterkirche von Debre Damo, repräsentiert diesen Baustil auf eindrucksvolle Weise. Sie dürfte rund tausend Jahre alt sein.

Der Neubau der Kirche Marjam Tsion (St. Maria vom Zion) aus dem 16./17. Jahrhundert; Bauherr der Fertigstellung war Kaiser Fasilidas. Nach äthiopischem Volksglauben wird in einer Kapelle der ehemaligen Krönungskirche die Bundeslade aus dem Tempel in Jerusalem aufbewahrt. Nachbildungen der Bundeslade mit den Gesetzestafeln gehören zur Ausstattung sämtlicher Gotteshäuser der äthiopisch-orthodoxen Kirche.

Wie der Ursprung der salomonischen Dynastie so wird auch die Christianisierung Axums legendenhaft verklärt. Nach dem Bericht des byzantinischen Theologen Rufinos wurde das Schiff zweier christlicher Jünglinge auf der Rückreise von Indien vor der Küste Eritreas von Seeräubern aufgebracht, ihr mitreisender Vormund getötet. Sie gelangten an Land und kamen an den Königshof zu Axum. Der ältere von beiden hieß Frumentius, der jünger Ädesius. Der König fand an beiden großen Gefallen und gab ihnen offizielle Ämter. Sie wiederum brachten, so schreibt Rufinos, christliche Händler ins Land, die sich hier ansiedelten und vom König mit allem Nötigen versorgt wurden. Nachdem der König gestorben war, wollten Frumentius und Adesius zurück nach Tyros, ihrem Herkunftsort. Auf inständiges Bitten der Königin blieben sie, um sich der Erziehung des unmündigen Tronfolgers zu widmen. Als dieser den Thron bestieg, begab sich Frumentius nach Alexandrien und bat den dortigen Patriarchen Anastasios, einen Bischof für das neue Missionsgebiet zu ernennen. Dieser weihte Frumentius selbst zum ersten Bischof, da er sich keinen geeigneteren Oberhirten vorstellen konnte. Der junge König aber soll Ezana gewesen sein, der nun von seinem alten Lehrer und ersten Bischof zum Christentum bekehrt wurde.

Allerdings deutet bereits das Neue Testament christliche Einflüsse in Äthiopien an: Der Apostelgeschichte des Evangelisten Lukas zufolge begann die „Heidenmission" noch vor den Reisen des Paulus mit der Bekehrung und Taufe des Kämmerers einer äthiopischen Königin namens Kandake durch den Diakon Philippus (Apostelgeschichte 8, 20-40). Phillipos wurde in der mittelalterlichen Legendenbildung zum Begründer der äthiopischen Kirche.

Zwar gab es frühe Anläufe europäischer Reisender und Hobby-Archäologen, der Erde Axums ihre Geschichte zu entreißen. Die erste wissenschaftlich fundierte Grabung wurde allerdings erst zwischen 1905 und 1910 von einer deutschen Expedition unter Enno Littmann durchgeführt. 1912 publizierte Littmann in Berlin sein umfängliches vierbändiges Werk „Deutsche Axum Expedition". Unter den Italienern wurde in den dreißiger Jahren nach den Resten des axumitischen Hafens Adulis am Roten Meer gegraben. Rund 60 Kilometer südlich der eritreischen Hafenstadt Massaua fanden sie Überreste von Kirchen und Gebäuden, die eindeutig im axumitisch-sabäischen Stil errichtet worden waren. Auch Münzfunde aus der Zeit bis zum 6. Jahrhundert wurden gemacht. Danach ging der Hafen für Axum verloren. Die Forschung vermutet, daß arabische Invasoren die Hafenstadt überrannten und die Axumiten vertrieben.

In den fünfziger Jahren begannen äthiopische Wissenschaftler selber mit Grabungen in Axum. Damals unterstand die archäologische Abteilung noch direkt der Regierung. Später wurde sie zum „Archäologischen Institut" Äthiopiens umgewandelt. Neben Münzen und Steinen hat die Erde Axums eine Menge weiterer aufschlußreicher Gegenstände freigegeben: Statuen und irdenes Geschirr, das sowohl aus dem Lande stammte wie auch aus Importen. Daneben fand man allerlei Gegenstände aus Glas: Krüge und Flaschen, kleinere medizinische Behälter und natürlich Glasperlen aller Größen. Auch Bronze war ein beliebtes Material in Axum, und neben Schmuckstücken finden sich auch Objekte des täglichen Gebrauchs aus diesem Material. Manche dieser Funde weisen Einlegearbeiten aus Glas oder Perlmutter auf. Ebenfalls stieß man auf eiserne Gerätschaften. Sie alle beweisen, daß die Bewohner des antiken Axum mit der Gewinnung und Verarbeitung der genannten Metalle bestens vertraut waren.

Von den zahlreichen Steinfunden Axums war einer von besonderer Bedeutung für die Entschlüsselung der sabäischen Sprache. Es handelt sich um einen dreiseitig beschrifteten Stein. Im Auftrag König Ezanas wurde ein gleichlautender Text in Griechisch, Sabäisch und Geez eingemeißelt. Er erzählt von einer Strafexpedition gegen einen unbotmäßigen Stamm im Norden, die zwei seiner Brüder in Ezanas Auftrag erfolgreich durchgeführt hatten. Detailliert wird die Beute an Mensch und Tier aufgelistet, und auch die Dauer des Feldzugs wird angegeben. Abschließend läßt Ezana verkünden, er habe fünf Weihestatuen gestiftet: aus Gold, Silber und Kupfer.

Anfang der siebziger Jahre arbeiteten französische und britische Wissenschaftler erfolgreich an der Entschlüsselung weiterer Details der Inschriften Axums. Die Abschaffung der Monarchie 1974 beendete vorerst die Axum-Forschung.

Heute ist Axum fester Bestandteil der „Historischen Route", bevor in chronologischer Folge Lalibela und Gondar angesteuert werden. Vieles bedarf hier noch der archäologischen Entdeckung. Eine weitläufige und schloßartige Anlage an der südlichen Ausfallstraße nach Gondar beispielsweise wird der Königin von Saba zugeschrieben. Bislang sind die Grundmauern von über fünfzig Räumen freigelegt. Abwassersysteme wurden entdeckt und der Fußboden des vermeintlichen Thronsaals. Die unter Zuhilfenahme von Mörtel gemauerten Wände haben eine Stärke, die auf einen möglicherweise mehrstöckigen Bau schließen lassen. Es gab Badezimmer mit fließendem Wasser und einen Küchentrakt, in dem auch zwei Ziegelherde entdeckt wurden.

Dem Palast gegenüber befindet sich ein freies Feld, das mit behauenen großen Steinplatten übersät ist. Mitten unter ihnen steht eine große Stele, die möglicherweise über dem Grab der „Queen of Sheba" errichtet wurde. Spuren einer entsprechenden Grabstätte fand man aber bisher nicht.

Auch nördlich der heutigen Stadtgrenzen befinden sich zahlreiche Stelen, die aber schmucklos gestaltet sind. Die beeindruckendsten Exemplare befinden sich im „Hain der Stelen", nahe der Krönungskirche *Marjam Tsion*. Von den drei gewaltigsten monolithischen Denkmälern steht noch eines aufrecht, die beiden anderen sind umgestürzt. An dem aufrecht stehenden, 23 Meter hohen Monolithen lassen sich die hausähnlichen Strukturen besonders gut erkennen. Das gerundete „Dach" sollte wohl die Sonne symbolisieren, während neun Reihen mit in den Stein gemeißelten Fenstermotiven eine Art Hochhaus andeuten. Es fehlen auch nicht Eingangstür und Griff.

Die Stelen könnten den alten sabäischen mehrstöckigen Haustyp nachahmen, so wie er im Jemen heute noch zu finden ist. Dreizehn „Stockwerke" ragte die mit 34 Metern größte „Hausstele" Axums empor, bevor sie (vielleicht bereits bei der Errichtung) umsank und in vier Teile zerbarst. Auch sie ist detailgenau mit den genannten Motiven versehen, und zwar nicht nur an der Vorderseite, sondern auch auf beiden Seitenteilen.

Auf einen kultischen Zusammenhang deutet ein Altar zu Füßen jener 23 Meter aufragenden Stele, zu dem einige Stufen emporführten. Er besitzt die Form eines rechteckigen Quaders und besteht aus einem Trachytblock. Vier gleichmäßige Vertiefungen in der Altarplatte bedürfen noch der Erklärung. An seinen Rändern rankt sich Weinlaub, ein Motiv, das sich auch an den Ältären zu Füßen anderer Stelen findet.

Eine zeitgeschichtliche Notiz am Rande: Nach dem Vorbild der Überführung altägyptischer Obelisken nach Rom ließ Mussolini mit viel Mühe einen unversehrten Monolithen nach Rom schaffen, der bis heute vor dem FAO-Gebäude zu sehen ist. Bald soll er nach Äthiopien zurückkehren. Die Verfrachtung der Stele stellte selbst für die moderne Technik ein erhebliches Problem dar. Umso rätselhaft erscheint, wie es den Axumiten gelungen ist, Monolithen dieser Größe aus dem Fels der umgebenden Hügel zu schneiden und zu Tal zu bringen. Auch die Bearbeitung des Trachytgesteins vor Ort und die Aufrichtung des Steins muß ungemein mühevoll gewesen sein.

Nach der Christianisierung Axums entstand mit *Marjam Tsion* (St. Maria vom Zion) die älteste Kirche Afrikas südlich der Sahara. Da sie nach äthiopischem Volksglauben die Bundeslade beherbergte, war diese Kirche der religiöse Mittelpunkt Äthiopiens. Heute findet man vom ursprünglichen Bau noch grundrißartige Ruinen, deren Ausmaße beeindrucken. Wegen der hohen Spiritualität des Ortes ließen sich die Könige Äthiopiens in Axums *Marjam Tsion* krönen. Der portugiesische Jesuit Francisco Alvarez beschreibt sie als imposantes fünfschiffiges Gebäude mit gewölbten Decken und aus präzise behauenen Steinquadern errichtet. Wände und Decken seien bemalt gewesen. Beeindruckt war Alvarez

Der „Hain der Stelen“ in Axum. Der Zweck dieser Monumente aus dem 5./4. Jahrhundert v. Chr. ist unbekannt. Die Monolithe, die in präziser Steinmetzarbeit vielstöckige Gebäude wiedergeben, zeugen jedoch von der Kunstfertigkeit und dem Reichtum der Axumiten. Die mit 34 Metern höchste aller Stelen in Axum ist umgestürzt und in mehrere Stücke zerbrochen. Dieser größte bekannte Monolith übertraf an Höhe und Gewicht auch die Obelisken im alten Ägypten.

auch von der unmittelbaren Umfriedung und einer weiteren starken Mauer, innerhalb deren eine kleine Stadt angesiedelt war. Nach der Zerstörung von *Marjam Tsion* durch die muslimischen Eindringlinge unter Ahmed Granj wurde gegen Ende des 16. Jahrhunderts eine neue Kirche zu Ehren der Gottesmutter in Auftrag gegeben und unter Kaiser Fasilidas, dem Gründer von Gondar, fertiggestellt. Es ist die heutige Kirche *Marjam Tsion* in Axum, in deren Kapelle sich weiterhin die Bundelade befinden soll. Diese Kirche durfte noch nie ein weibliches Wesen betreten. Das Verbot galt auch für Königin Elisabeth II. von England, die 1964 als Staatsgast auch Axum besuchte.

In der Nähe der Kirche ließ Kaiser Haile Selassie I. einen überdimensionierten Kuppelbau aus Stahl-Beton errichten. Die Reste von erhabenen Thronanlagen vor der Kirche repräsentieren die Plätze, die von den Richtern in Axum eingenommen wurden. Nicht weit von ihnen entfernt befanden sich die Throne des Königs und des Patriarchen. Auf diesem Vorplatz fanden bis ins Mittelalter die Krönungszeremonien statt. Der Platz dürfte somit das Zentrum des städtischen Lebens gewesen sein.

An der nordöstlichen Stadtgrenze befindet sich ein weiterer kolossaler Bau. Die quadratisch angelegte Festung, 27 x 27 Meter in der Grundfläche, liegt auf einer strategisch günstigen Anhöhe. Zwar sind die Mauern längst eingestürzt, aber wieder einmal verdanken wir die Kenntnis ihres ursprünglichen Aussehens und ihrer Nutzung einer Reisebeschreibung, und zwar aus dem 7. Jahrhundert. Danach war die Anlage der Palast des Königs und hatte vier Ecktürme mit jeweils einer mannshohen Bronzefigur. Der Eingang wurde von Säulen getragen. Unterhalb des Gebäudes befinden sich noch heute Katakombengänge und Grabnischen, die den Königen als letzte Ruhestätte gedient haben dürften. Die Eingänge zu den größeren Kammern zeigen „Hausmotive", wie sie an den Stelen zu finden sind.

Nicht weit vom großen Hain der Stelen liegt das sogenannte „Bad der Königin von Saba". Es handelt sich um ein geräumiges antikes Wasserreservoir, das noch heute den Einwohnern von Axum als solches dient. Auch hier könnten nur genaue wissenschaftliche Untersuchungen Licht ins Dunkel der Vergangenheit bringen. Da beinahe nach jedem großen Regen neue Funde aus dem historischen Boden „wachsen", darf man hoffen, daß Axums Vergangenheit eines Tages gänzlich dokumentiert sein wird.

LALIBELA

Das „Neue Jerusalem"

Wer Äthiopien bereist, ohne Lalibela zu besuchen, versäumt einen einzigartigen Eindruck. Das „Neue Jerusalem" nannten es die gläubigen Äthiopier, und für die Kirche Äthiopiens ist der kleine Bergort in der Tat der Mittelpunkt allen orthodox-religiösen Lebens. Es war die tiefe Gläubigkeit eines mittelalterlichen Königs, die zu seiner Gründung führte. Berühmt haben Lalibela seine monolithischen Felsenkirchen gemacht, die zum Weltkulturerbe der UNESCO gehören und deren Besonderheit in ihrer „Bauweise" liegt: Alle sind sie aus dem Felsen gehauen, von oben nach unten und von außen nach innen; ein schmaler Graben trennt ihre Dächer von der natürliche Oberfläche der Landschaft. Die Lage in der Tiefe verbirgt sie vor den Blicken Neugieriger.

Und so wurden sie vor rund 700 Jahren vermutlich „gebaut": Zuerst wurden die äußeren Abmessungen der geplanten Kirche auf der Erdoberfläche abgesteckt und dann entlang des Grundrisses ein Graben in den vulkanischen Tuffstein gesenkt, und zwar so tief, bis die Höhe der Kirche erreicht war. So blieb ein Monolith, der rohe Felswürfel, stehen. Die Steinmetzen drangen in diesen durch die späteren Fenster- und Türöffnungen ein und schlugen tonnenweise Gestein los, das Mensch und Tier abtransportieren mußten. Engel, so berichtet eine Legende, lösten nachts die erschöpften Handwerker ab. Schätzungen besagen, daß an die hunderttausend Kubikmeter Fels auf diese Weise bewegt worden sind, sicher die Arbeit einer ganzen Generation.

Angehörige der äthiopisch-orthodoxen Kirche vor einer der Felsenkirchen in Lalibela aus dem 12. Jahrhundert.

Aber nicht wegen dieser beindruckenden Leistung sind die monolithischen Kirchen Lalibelas ein überwältigendes Erlebnis, sondern wegen ihrer äußert kunstvollen Gestaltung. Denn die Erbauer ließen sich von den Architekturmerkmalen der bestehenden Gebäude ihrer Heimat inspirieren, und so finden sich Bögen und Säulen, im Fachwerkstil gegliederte Fassaden, Pilaster und Streben. Wahrscheinlich wurde die künstlerische Ausgestaltung der Fassaden und der Innenräume jeweils zusammen mit dem jeweiligen Stockwerk beendet, wobei man von oben nach unten arbeitete. Sicher war es schwierig, ausreichend Licht für die Arbeit im Gestein zu haben, und es wird vermutet, daß das Tageslicht durch polierte Metallflächen in die jeweiligen Kammern reflektiert wurde. Offensichtlich sollten die Kirchen in ihrer Gesamtheit nicht über die Erdoberfläche hinausragen, denn selbst da, wo es ein Leichtes gewesen wäre, ihre Umgebung abzutragen, wurde dies unterlassen. Konkrete Angaben, wie bei der Herstellung der Kirchen vorgegangen wurde, sind allerdings nicht überliefert.

Dem Besucher von Lalibela bietet sich zunächst der Anblick eines freundlichen äthiopischen Marktfleckens, mit Hotel und Tankstelle, festen Häusern und zahlreichen Hütten, eingebettet in ein grünes Tal. Das Flüßchen *Jordanos*, das den Ort durchteilt, führt zum Komplex der Felsenkirchen, der aus zwei Hauptgruppen links und rechts des Flußbetts besteht und das „Neue Jerusalem" bildet, das König Lalibela hier im 12. Jahrhundert gründete. Damals hieß der Ort Roha und war nach dem Niedergang Axums die Hauptstadt der Zagwe-Dynastie, die für rund zweihundert Jahre die Nachfahren Salomos vom äthiopischen Thron verdrängte.

Wie nicht anders zu erwarten, rankt sich auch um die Person König Lalibelas eine schöne, christlich inspirierte Legende, die rund zweihundert Jahre nach seinem Tode in der *Gadla Lalibela* niedergeschrieben wurde. Sie sei hier in geraffter Form wiedergeben.

Lalibela war der Bruder des regierenden Zagwe-Königs und verdankte seinen Namen, der „Ihm sind die Bienen untertan" bedeutet, seiner aufmerksamen Mutter. Sie bemerkte, daß den Knaben kurz nach seiner Geburt Bienen umsummten. Dem Volksglauben zufolge erkennen Tiere zukünftige Herrscher viel früher als die Menschen. Die Mutter, eine fromme Frau, glaubte, in den Bienen sogar Engel zu erkennen, die um ihr Neugeborenes schwebten. Auch die Soldaten, die ihrem Sohn dereinst als König gehorchen würden, sah sie in den Insekten. Der königliche Bruder namens Harbei war über die Prophezeihungen ihrer beider Mutter wenig erfreut. Nachdem ein Versuch, Lalibela mit einem Schierlingstrank auszuschalten, nicht nur fehlschlug, sondern den jungen Mann nach dreitägigem totenähnlichem Schlaf gestärkt und, vom Bandwurm befreit, wieder erwachen ließ, kamen die Engel wieder ins Spiel. Sie sollen Lalibela vor das Angesicht Gottes gebracht haben. Im Traum erschienen ihm die sieben Weltwunder, aber auch die Felsenkirchen, die Gott ihm zu schaffen auftrug. Vom Totenlager errettet, ging Lalibela in die Einsamkeit, nahm auf Gottes Geheiß eine Frau und flog himmelwärts ins heilige Jerusalem. Sein Bruder Harbei war unterdessen ebenfalls von Gott erleuchtet worden, bat Lalibela um Vergebung, salbte den Heimkehrer und setze ihn an seiner statt auf den Thron. Zum Zeichen der endgültigen Aussöhnung ritten beide gemeinsam auf einem Maultier nach Roha, und Lalibela konnte beginnen, den göttlichen Auftrag zu erfüllen.

Wie fügt sich die Legende in die geschichtliche Wirklichkeit? Roha war zum Zentrum des von den Zagwe-Königen regierten Landes geworden. Die Zagwe hatten die schwachen salomonischen Könige, die den Zerfall Axums nicht aufhalten konnten, abgelöst. Ihr Makel war, den Thron usurpiert zu haben, und so mußten sie besondere Anstrengungen unternehmen, um sich als in der christlichen Tradition Äthiopiens stehend zu beweisen. Hierin, und nicht, wie häufig zu lesen ist, wegen der muslimischen Bedrängnis des Hochlandes ist wohl der Grund für die Ausgestaltung Rohas als politisches und religiöses Zentrum zu sehen.

Auch Lalibelas Nachfolger zeigten sich als stark im Glauben. Nach äthiopischer Überlieferung ist es Tekle Heimanot, dem Abt des berühmten Klosters Debre Libanos, um 1270 gelungen, zwischen dem Zagwe-König und einem Sproß der Salomoniden zu vermitteln. Dieser habe im heutigen Schoa gelebt, und der Zagwe-Herrscher habe ihm die Krone übergeben. Im Gegenzug wurden die Zagwe-Könige Herrscher über Lasta, und die Kirche erhielt für ihre Vermittlung auf Dauer ein Drittel des Reichsgebiets.

„Wer nicht zu diesem heiligen Orte pilgert, ist wie jemand, der verschmäht, das Gesicht unseres Erlösers Jesus Christus zu schauen", sagen die Mönche. An den hohen Festtagen der orthodoxen Kirche, wie Weihnachten oder *Timkat*, entfaltet die Geistlichkeit dort eine Pracht, die zugleich archaisch und anrührend ist. Bestickte Gewänder und Schirme, mannshohe Prozessionskreuze (Abb. 70/71) und kunstvoll durchbrochene Weihrauchgefäße beeindrucken das Auge, Sistren und Trommeln vermischen sich mit dem auf- und abschwellenden Gesang der Priester und Mönche zu einer beinahe hypnotischen Stimmung. Hier spürt man, wie tief der Glaube wurzelt und wie alt seine Ursprünge sind.

Die wichtigsten Kirchen nördlich des *Jordanos* sind: *Bete Medhane Alem*, („Haus des Erlösers") mit etwa 33 Meter Länge, 23 Meter Breite und rund 11 Meter Höhe die größte Kirche im Ort. Als einzige hat sie einen äußeren, rundherum führenden Kolonadengang. Das Hauptschiff und die Seitenschiffe werden von rechteckigen Pfeilern getragen, die ohne Basis direkt aus dem Felsen steigen. Wie bei allen Kirchen ist das Hauptportal nach Westen ausgerichtet, wobei *Medhane Alem* auch noch einen Nord- und einen Südeingang besitzt. Die obere Fensterreihe und das Kirchenschiff weisen Bögen auf, die unteren Fenster sind rechteckig gerahmt.

Bete Marjam („Haus der Maria"), hat als einzige Kirche drei vollständig ausgebildete Portale. Auch sie ist dreischiffig mit Querschiff, und die gewölbten Decken werden von je fünf Stützpfeilern mit Kapitellen getragen. Ein besonders kräftiger zentralen Pfeiler stützt das Tonnengewölbe der Vierung. Über den Kirchenschiffen befindet sich jeweils ein Stockwerk. Die Kirche ist insgesamt sehr aufwendig ausgestaltet, besonders auffällig ist die Darstellung des hl. Georg im Kampf mit dem Drachen als Relief an der Westfassade.

Bete Mikael und *Bete Golgatha* („Haus des hl. Michael" und „Haus von Golgatha"), grenzen unmittelbar aneinander und sind im Inneren miteinander verbunden. Zu ihnen kommt man durch einen Tunnelgang, der bei der Marienkirche beginnt. Eine Besonderheit an ihnen ist ihre Ausstattung. So werden beispielweise ein thronartiger Sessel und ein silbernes Prozessionskreuz gezeigt, die König Lalibela gehört haben sollen.

Am Südufer steht als erstes *Bete Abba Libanos* („Haus des Vaters Libanos"). Angeblich wurde dieses Gebäude erst nach dem Tod des „Bienenkönigs" von dessen Witwe Kebra Maskal in Auftrag gegeben. *Bete Abba Libanos* wurde interessanterweise auch nicht gänzlich aus dem Fels herausgehauen, sondern ist noch mit ihm verwachsen.

Die bekannteste Felsenkirche Lalibelas dürfte wohl *Bete Georgis* sein („Haus des hl.

Priester in der Golgatha-Kirche von Lalibela mit drei Würdezeichen. Der Priesterstab bzw. die Priesterkrücke kennzeichnet das Amt. Mit ganz unterschiedlich gestalteten Aufsätzen aus Metall versehen, dienen diese Stäbe im Notfall dazu, den oft ausgiebigen Gottesdienst zu „überstehen"; sie können auch als Rhythmusinstrument verwendet werden. Die äthiopischen Priester- oder Kirchenkronen sind oft ehemalige Herrscherkronen, die dem kirchlichen Gebrauch als Stiftungen überlassen wurden. Getragen werden sie an hohen Festtagen, aber auch beim Empfang von Ehrengästen. Das Prozessionskreuz der Golgatha-Kirche stammt der Überlieferung zufolge aus dem Besitz des Königs Lalibela.

Die Feier des Timkat-Festes am 19. Januar in Lalibela. Zu den Schauplätzen gehört der Jordanos, der den Ort durchquert. Grundsätzlich ist ein Gewässer in den rituellen Ablauf einbezogen, denn Timkat erinnert als Erscheinungsfest an die Taufe Jesu im Jordan und somit an dessen „Epiphanie" (Erscheinung) als Sohn Gottes. Insofern entspricht das äthiopische Timkat-Fest dem katholischen wie protestantischen Epiphanias- bzw. Dreikönigsfest am 6. Januar. Einbezogen ist in das mit Umzügen, Lesungen, Gesängen und Tänzen begangene Timkat-Fest die Nachbildung der Bundeslade aus dem Tempel von Jerusalem, die zur Ausstattung eines jeden Gotteshauses der äthiopisch-orthodoxen Kirche gehört. Die auf der zweiten Aufnahme erkennbaren Ehrenschirme aus besticktem Brokat sind ein unverwechselbares Merkmal äthiopischer Zeremonien sowohl im kirchlichen als auch im profanen Bereich.

Gegenüberliegende Seite: Die Georgskirche in Lalibela mit drei nach Westen gerichteten Portalen. Zwölf Meter mußten die Erbauer in die Tiefe vordringen, um den Monolith aus dem Fels zu meißeln (vgl. Abb. S. 73 und 74). Die einzelnen Stockwerke deuten wohl auf die schrittweise Ausarbeitung von oben nach unten hin.

Georg"). Sie ist in Form eines griechischen Kreuzes mit vier gleichlangen Armen angelegt und beeindruckt mit zwölf Metern Höhe. Senkrecht aus dem sie umgebenden Tuffstein gehauen, hat sie drei Portale, die sich nach Westen öffnen, der östliche Kreuzarm bildet das gewölbte Sanktuarium. Fünf Stufen führen zum mittleren, sehr weiten Hauptportal empor, durch das man Zugang zu allen vier Teilen der Kirche hat. *Bete Georgis* ist besonders reichhaltig ornamentiert, und in ihrem westlichen Vorhof befinden sich Wandgräber von Mönchen und Geistlichen aus vergangenen Jahrhunderten.

Die monolithischen Kirchen Lalibelas bilden die eindrucksvolle Kulisse zur Darstellung tiefer Religiosität; dennoch sind sie nicht einmalig, wie man glauben könnte. Es stimmt zwar, daß die Felsenkirchen Lalibelas von besonderer Schönheit sind, aber ältere und ähnliche gibt es im ganzen Norden Äthiopiens und in der Republik Eritrea. Im Herzen des Bundeslandes Tigray finden wir Hunderte von Felsenkirchen aus dem Mittelalter, die noch darauf warten, in ähnlicher Weise wie jene in Lalibela wissenschaftlich erforscht zu werden. Einige dieser Bauten wurden mehr als fünfhundert Jahre vor der Zeit des Königs Lalibela aus dem Fels gehauen. Sie belegen die These, daß die Kirchen in Roha/Lalibela „lediglich" die Vervollkommnung einer langen Bautradition darstellen.

Auch im Umkreis von einem halben bis einem Tagesritt (denn das Auto ist hier häufig nutzlos) von Lalibela treffen wir auf Felsenkirchen, beispielsweise auf den „Garten Mariens", in östlicher Richtung gelegen. Dieses Bauwerk gehört zu den wenigen bisher bekannten freistehenden Felsenkirchen. Sie ist an drei Seiten weithin sichtbar, nur die vierte Seite wird vom ursprünglichen Fels verdeckt. Eine weitere ungewöhnliche Variante ist nordwestlich von Lalibela *Bilbala Tscherkos*. Hier bildet der Fels noch die Ostwand und das Dach, während der restliche Baukörper freisteht. Allerdings ist der Standort nur von Westen her einsehbar.

Viel bleibt hier noch zu entdecken. Der jahrzehntelange Bürgerkrieg, der die ehemaligen Nordprovinzen besonders hart getroffen hat, verhinderte jede Beschäftigung mit dem kulturellen Erbe. Seit Gründung der Bundesrepublik Äthiopien im Jahr 1995 werden Anstrengungen unternommen, das Versäumte nachzuholen. Auch das schlummernde touristische Potential ist wieder geweckt worden, und die wachsende Zahl der Besucher der „Historischen Route", die neben Axum und Gondar auch Lalibela einschließt, gibt diesen Bestrebungen weiteren Auftrieb.

Priester mit Prozessionskreuz in der Michaelskirche von Lalibela. Die charakteristische Grundform ist der Rhombus. Die offenkundigen Beschädigungen könnten aus dem 16. Jahrhundert und von den verheerenden Raubzügen des Ahmed Granj stammen. Die offensichtlichen, notdürftig ausgeführten Reparaturen weisen auf die Wertschätzung überlieferter Kultgegenstände hin. Der Hintergrund deutet die farbenprächtige Innenausstattung der Felsenkirche an, die mit der Golgatha-Kirche verbunden ist.

Priester mit zwei Prozessionskreuzen aus der Marienkirche von Lalibela. In dieser Felsenkirche findet sich das Wandgemälde der thronenden Madonna vor einem Ehrentuch, das von zwei Engeln gehalten wird – ein Motiv, dem wir auch auf der Mitteltafel äthiopischer Altarbilder in Form von Triptychen begegnen.

Die Morgensonne beleuchtet den tief unter dem Bodenniveau der Umgebung gelegenen Zugang zur *Bete Emanuel*. Deutlich wird der Unterschied zwischen Höhlenkirchen, die natürliche Gegebenheiten nutzen, und den Felsenkirchen, die künstlich aus dem Gestein gehauen wurden und in der Regel allseitig von einer engen „Schlucht" umgeben sind. Die Fronten der Emanuelkirche ahmen die axumitische Holz-Stein-Bauweise nach.

Eine Höhle in der Felswand gegenüber der Erlöserkirche von Lalibela dient diesem Einsiedler als Behausung. Die portalartige Gestaltung des Zugangs mit einem Bogensegment verrät, daß auch hier der Mensch in die natürlichen Gegebenheiten eingegriffen hat.

Das mit der Umgebung bündige Flachdach der Georgskirche verdeutlicht den Grundriß in Form eines griechischen Kreuzes mit vier gleichlangen Armen. Diese wohl jüngste der Felsenkirchen von Lalibela erreicht der Besucher in einem schräg nach unten führenden Gang, der teilweise übertunnelt ist. In Nischen dieses Ganges hausten früher Einsiedler.

Aus dem teilweise übertunnelten Zugang ergibt sich dieser Blick auf das mittlere Westportal der Georgskirche (vgl. Abb. S. 69). Zur Atmosphäre der Felsenkirchen von Lalibela gehört der harte Kontrast von Licht und Schatten, bedingt durch die schluchtartige Durchformung dieser Kirchenlandschaft.

Priester der Emanuelkirche mit einem ornamental geschmückten Psalmenbuch aus dem 15. Jahrhundert. Auf künstlerischem Gebiet haben die Äthiopier neben der Schaffung von Felsenkirchen zweifellos in der Wand-, Tafel- und Buchmalerei ihre bedeutendsten Leistungen vollbracht. Trotz der Zerstörungen, die der muslimische Emir Ahmed Granj in der ersten Hälfte des 16. Jahrhunderts angerichtet hat, sind zahlreiche illuminierte Kodizes überliefert; die ältesten erhaltenen Handschriften stammen aus dem 14. und 15. Jahrhundert. Das als Beschreibstoff verwendete Pergament wurde aus Schaf-, Ziegen- oder Mauleselhaut gewonnen. Die Buchdeckel wurden aus Holz gefertigt und vielfach mit verziertem Leder überzogen. Geschützt werden die Bücher durch Ledertaschen mit Tragriemen, die darauf hindeuten, daß insbesondere die kleinformatigen Kodizes religiösen Inhalts von den Gläubigen auch auf Reisen mitgeführt wurden.

GONDAR

Die äthiopische Kaiserpfalz

Die Gründung der Kaiserstadt Gondar südwestlich des Semien-Gebirges und nördlich des Tanasees wird auf das Jahr 1636 datiert. Kaiser Fasilidas verließ im vierten Jahr der Regierung seine Kaiserpfalz in Dankas und begann an einem neuen, etwa 30 Kilometer entfernten Ort inmitten einer fruchtbaren Landschaft zu bauen.

Wie die Kaiser im Heiligen Römischen Reich des Mittelalters, so waren auch die äthiopischen Herrscher gezwungen, ständig in ihrem Herrschaftsbereich unterwegs zu sein, da die tribut- und lehenspflichtigen Fürsten immer wieder versuchten, sich der zentralen Gewalt zu entziehen. Dennoch muß Fasilidas des ewigen Umherziehens müde gewesen sein, weil er nachweislich ab dem Jahr 1640 mit dem Bau der Paläste begann, die heute den Charme und die Besonderheit Gondars ausmachen. In jenem Jahr wurde vermutlich auch mit dem Bau der Großen Burg begonnen, die heute noch, wenn auch als teilweise wiedererrichtete Ruine, den gesamten Palastkomplex beherrscht. Der Baustil erinnert an mittelalterliche Burgen Südeuropas, weist aber auch indische Elemente auf. Beide Einflüsse sind wahrscheinlich, da wegen der Präsenz portugiesischer Jesuiten und vermuteter indischer Baumeister beide Baustile gemeinsam verarbeitet wurden.

Den Jesuiten verdankte Fasilidas indirekt die frühe Inthronisierung. Sein Vater Sosenios war 1622 zum Katholizismus übergetreten und erhob diesen zur Staatsreligion, wurde aber zehn Jahre später zur Abdankung gezwungen und mußte dem Land den althergebrachten Glauben wiedergeben. Der geistliche Mentor von Kaiser Sosenios war der spanische Jesuit Pedro Paez, ein vielseitig begabter Mann, der dem Kaiser nach seinem Kirchenübertritt eine sehr schöne Marienkirche am Ufer des Tanasees bauen ließ. *Marjam Gemb* ist heute als romantisch zugewachsene Ruine zu bewundern und gilt als das schönste Zeugnis der katholischen Missionsarchitektur in Äthiopien.

Für das Jahr 1648 bezeugen arabische Quellen das Vorhandensein der zentralen Großen Burg, die durch Größe und Art der Ausführung für ihre Zeit außergewöhnlich war. Ebenfalls beeindruckt waren Reisende, die an den Hof des äthiopischen Kaisers gelangten, von dem dort herrschenden Reichtum und der aristokratischen Prachtentfaltung. Diese aufwendige Hofhaltung wurde auch von den Erben Fasilidas' fortgesetzt. Dies bezeugt sowohl der französische Arzt Charles Poncet im Jahre 1700 wie auch der Engländer James Bruce rund siebzig Jahre später. Letzterer berichtet allerdings auch von den unsäglichen Intrigen bei Hofe, die jedermann um sein Leben fürchten ließen, so daß Bruce sich glücklich schätzte, heil wieder aus Gondar herausgekommen zu sein.

Einem weiteren englischen Reisenden verdanken wir eine detaillierte Beschreibung Gondars vor gut 100 Jahren. Powell-Cotton bemerkte den bereits starken Verfall der Gebäude der inzwischen aufgegebenen Hauptstadt, zeigte sich aber fasziniert von dem mittelalterlich anmutenden Ensemble: „Die Burgruine ist zweistöckig, beinahe quadratisch angelegt, ca. 30 mal 28 Meter im Geviert, vier Kuppeltürme bilden den jeweiligen Abschluß. Das Ganze gruppiert sich um einen zentralen viereckigen Turm, der sich über dem Komplex erhebt und von dessen oberster Plattform man einen herrlichen Blick bis hin zum Tanasee hat.“ Die Wände, schreibt der Reisende, seien an die zwei Meter stark, die Türen, ebenso wie die Balkendecken der drei noch vorhandenen Gemächer, aus massivem Holz.

In der Nachbarschaft der Großen Burg befindet sich das *Inkulal Gemb*, die „Eierburg“, so genannt nach ihrer eiförmigen Dachkonstruktion. Des weiteren ist die einstöckige Burganlage *Duket Gemb* oder „Mehl-Burg“ zu besichtigen, die wohl als Kornspeicher diente. Eine zweitürmige Burganlage, *Woreket Gemb*, die „Papierburg“ schließt sich an, Aufbewahrungsort der kaiserlichen Archive und Büro der Schreiber. Nahe der „Papierburg“ befindet sich der Marsstall *Ferass Gemb*.

Jenseits des durch Gondar fließenden Kaha-Baches liegt der Kaiser Fasilidas zugeschriebene „Badepalast“, von dem heute noch ein zweistöckiger, auf Kolonnaden stehender Teil, ein rechteckiges Bassin und die Umwallung nebst Eingangsturm existieren. Wie alle anderen bisher genannten Burgen ist auch die „Badeburg“ stark befestigt. Um in das eigentliche Gebäude zu gelangen, mußte man das Bassin auf einer Zugbrücke überqueren. In den 35 Jahren seiner Herrschaft ließ Kaiser Fasilidas auch eine Reihe bedeutender Kirchen bauen. Während er in Axum die neue *Marjam Tsion* entstehen ließ, fügte er dem Stadtbild Gondars sieben neue Kirchenbauten hinzu.

Beim Tode des Kaisers Fasilidas 1667 war Gondar prächtig gediehen und sollte für weitere 170 Jahre Hauptstadt Äthiopiens bleiben. Der Sohn und Nachfolger auf dem Thron, Kaiser Johannes I., blieb in Gondar und fügte den Bauten seines Vaters unter anderen eine noch erhaltene Bibliothek und ein Gerichtsgebäude hinzu.

Unter Johannes I. wurden 1668 den verschiedenen Religionen spezielle Wohnviertel zugewiesen. Die Muslime, die äthiopischen Juden Felascha und die rechtgläubigen Untertanen lebten fortan in Segregation. Gleichzeitig entledigte sich Johannes der „Franken", wie die noch im Lande befindlichen Katholiken im Gondar des 17. Jahrhundert genannt wurden. Er befahl ihnen den Auszug in Richtung Westen in den Sudan und ließ die Karawane bis zur Reichsgrenze eskortieren, um sicher zu gehen, daß die unerwünschten Papisten auch wirklich sein Reich verlassen hatten.

Auch Johannes' Sohn Ijasu I., der Große genannt, blieb in Gondar und vermehrte die Zahl der Paläste und Kirchen. Er ließ einen beinahe gleichgroßen Palast in unmittelbarer Nähe von Fasilidas Großer Burg errichten. Seine drei Türme sollen ursprünglich mit Elfenbein verkleidet gewesen sein. Heute ist das Gebäude stark verfallen, aber als Powell-Cotton es besuchte, beschrieb er begeistert die Innenarchitektur, die im Obergeschoß gemauerte Gewölbe aufwies. Das Treppenhaus führte zu zwei Räumen im Turmbau, von denen einer immerhin etwa zehn mal sechs Meter maß. Wahrscheinlich hatten die Räume im zweiten Stock eine Art Warmluftheizung mit offenen Feuern im Erdgeschoß, deren Hitze durch gemauerte Kanäle nach oben stieg.

Ein weiteres Gebäude, die *Fikr Gemb* oder „Burg der Liebe", soll nach der Überliefung von Ijasu für die Mätressen seines Vaters errichtet worden sein. Die Historiker nehmen an, daß dieser Kaiser auch die Mauer bauen ließ, die den gesamten Burgenkomplex umschließt. Sie besitzt zwölf Tore, deren Namen Auskunft darüber geben, wer sie benutzte, oder wohin sie führten. Es gibt beispielsweise das „Tor der Richter", der „Würdenträger", das „Taubentor" oder das „Tor der Weber".

Zwei Kirchen, die Ijasu in Auftrag gab, verdienen besondere Erwähnung: *Tekle Haimanot*, unmittelbar durch ein Viadukt mit seinem Palast verbunden, und *Debre Berhan Selassie*, „Licht der Dreifaltigkeit". Diese wunderschöne Kirche steht noch heute auf etwas erhöhter Warte im Nordwesten der Stadt. Nach ihrer Vollendung muß sie einen äußerst prachtvollen Anblick geboten haben. Über ihrer Kuppel erhob sich ein Kreuz aus purem Gold, geschmückt mit goldenen Kugeln in der Größe von Straußeneiern, die einen blendenden Glanz bei Tag und Nacht erzeugten. So jedenfalls berichten Zeitzeugen. Im Kirchturm, der seperat stand, hingen zwei Bronzeglocken, die vom holländischen Gouverneur Batavias gestiftet worden waren. Auch heute noch ist das reich ausgemalte Innere von *Debre Berhan Selassie* einer der Höhepunkte eines jeden Besuchs in Gondar. Szenen aus der Bibel und den Heiligenlegenden wie die Kreuzigung oder der Kampf des hl. Georg mit dem Drachen bedecken die Wände, während Engelsköpfe die Decke zieren.

Der französische Arzt Poncet berichtet, daß Gondar zur Zeit Ijasus ein wichtiger Handelsmittelpunkt der Region war. Zu dieser Zeit bildete Gondar mit an die siebzigtausend Einwohner eine bedeutende Metropole. In ihr residierte der *Abuna*, der Patriarch der äthiopisch-orthodoxen Kirche, wie auch der *Etschege*, der oberste Abt aller äthiopischen Mönche.

Mit Ijasu dem Großen endeten die glücklichen Jahre Gondars. Giftmord und Brutalität aller Art schwächten das zentrale Kaisertum im Laufe der folgenden Jahrzehnte. Iasus Nachfolger, die einander in kurzen Abständen ablösten, haben weitere Bauwerke hinterlassen, deren Architektur leichter, beschwingter war als die bisherige.

Für Kaiser Theodoros, einen aus dem Rebellentum emporgekommenen Anführer war es Mitte des vergangenen Jahrhunderts ein Leichtes, sich der Schätze Gondars zu bemächtigen. Er hatte zu seiner Hauptstadt Magdala bestimmt, ein Bergdorf mehrere hundert Kilometer südöstlich von Gondar. Zweimal, 1864 und 1866, fiel er über die ungeliebte alte Hauptstadt her, zerstörte ihre Bauwerke und trug an Beute fort, was beweglich war. Nur *Debre Berhan Selassie* verschonte er offenbar, ebenso wie zwei Jahrzehnte später die Derwische aus dem Sudan, die Gondar endgültig zerstörten. Sie brandschatzten den Ort, erschlugen alle, die Widerstand leisteten, und verschleppten Frauen und Kinder in die Sklaverei.

Der erste deutsche Gesandte in Äthiopien, Felix Rosen, besuchte Gondar zu Beginn unseres Jahrhunderts und beschrieb den historischen Teil der Stadt als einen Ort, der ausschließlich der Vergangenheit gehöre. Dies ist allerdings heute nicht mehr der Fall. Während der italienischen Besetzung von 1935 bis 1940 entstand eine Neustadt mit Post und Bank, Kasernen, Polizeipräsidium, Verwaltungs- und Gerichtsgebäuden, Krankenhaus, Kino, Ladenzeilen und Villen. Immer wieder wurden von äthiopischer Seite Anstrengungen unternommen, dem Verfall des Palastkomplexes entgegenzuwirken und die wichtigsten Gebäude zu rekonstruieren. Als Teil der „Historischen Route" ist die Stadt nach der Vertreibung des kommunistischen Regimes 1991 wieder uneingeschränkt mit dem Auto oder dem Flugzeug zu erreichen.

Nordwestlich der neuen Hauptstadt Gondar ließ Kaiser Jjasu I., der Große, Ende des 17. Jahrhunderts eine Klosteranlage errichten, deren Kirche dem „Licht der Dreifaltigkeit" geweiht ist (vgl. S. 80/81). Der Blick über den Klosterhof richtet sich auf das Torhaus.

Ihren Höhepunkt erreichte die profane Baukunst in Äthiopien mit den kaiserlichen Burgen bzw. Stadtpalästen der 1636 durch Fasilidas gegründeten neuen Hauptstadt Gondar. Links eine Teilansicht des Schlosses, das Fasilidas' Enkel und zweiter

Nachfolger Jjasu I., der Große, Ende des 17. Jahrhunderts errichten ließ.

Die Große Burg des Kaisers Fasilidas in Gondar mit zwei der überkuppelten Ecktürme, die indischen Einfluß erkennen lassen. Dagegen erinnern die Mauerzinnen, die auch den zentralen Turmquader bekrönen, an europäische Wehrbauten, deren Vorbild durch die Portugiesen vermittelt wurde. Die besondere Bewunderung der Reisenden, die ab der zweiten Hälfte des 17. Jahrhunderts Gondas besuchten und über ihre Eindrücke berichtet haben, erweckte die verschwenderische Innenausstattung der Paläste.

Ein Hauptwerk religiöser Kunst in Äthiopien ist die Innenausstattung jener Klosterkirche nordwestlich von Gondar, die dem „Licht der Dreifaltigkeit" geweiht ist (vgl. Abb. S. 77). Dem entspricht die Darstellung der Dreifaltigkeit, welche die (einer byzantinischen Ikonostase vergleichbare) Bilderwand dominiert, deren zwei Zugänge zum Allerheiligsten durch Vorhänge verschlossen sind. Die Symbolisierung der Dreifaltigkeit durch drei gleichgestaltete Greise, die an die Gotteserscheinung am Beginn der Offenbarung des Johannes erinnern, entspricht der traditionellen äthiopischen Ikonographie. Zum Bildprogramm gehören ferner Jesus am Kreuz über der Figur der thronenden Madonna mit dem Jesuskind sowie an der linken Seitenwand der Drachenkampf des hl. Georg; dem Ritterheiligen gilt die besondere Verehrung der äthiopischen Christen (vgl. Abb. S. 53). Mit dem Teufels- und Höllenmotiv (links unten) kontrastieren die geflügelten Engelköpfe; sie reihen sich an der Decke sowie auf den Bögen der beiden Türrahmen.
Bei der Tafel- und Wandmalerei bevorzugten die äthiopischen Künstler Leinwand, die auf Holz aufgezogen wurde.

ADDIS ABEBA

Die „Neue Blume"

Die Hauptstadt Addis Abeba entstand in der geographischen Mitte des wachsenden Reiches durch Taitu, die Gemahlin Menelik II. Ihre Gründung im Jahre 1887 war der Überlieferung zufolge ein Akt der Eigenmächtigkeit. Menelik eroberte in jenem Jahr als König von Schoa gerade die südöstliche Provinz Harrar zurück. Man erzählt, daß Taitu während dieses Feldzuges aus dem ungeliebten und zugigen hölzernen Palast, den Menelik in den Bergen errichtet hatte, in die Nähe der gerade entdeckten warmen Filoha-Heilquellen ins Tal umzog. Offenbar fand sie solches Gefallen an dem vom Entoto-Gerbirge umringten Tal, daß sie, ohne den König zu fragen, feste Gebäude errichten ließ. Menelik, nach erfolgreichem Feldzug zurückgekehrt, habe diese Eigenmächtigkeit nachträglich gebilligt.

Tatsache ist, daß der Stadtentwicklung nichts mehr im Wege stand, nachdem Menelik seinen neuen Palast, den *Gibbi*, in Auftrag gegeben hatte. Zwar trug sich der Monarch in späteren Jahren mit dem Gedanken, die Hauptstadt nochmals rund 40 Kilometer nach Westen an den Ort Addis Alem zu verlegen. Der Widerstand der inzwischen am kaiserlichen Hofe akkreditierten ausländischen Missionschefs, der einheimischen Notablen und der Händler verhinderte dies jedoch. Die einheimischen Galla oder Oromo wurden nicht gefragt, ob sie ihre Siedlung *Finfine* mit den neuen Herren teilen wollten. Sie bildeten für lange Zeit die Mehrheit in der „Neuen Blume" und waren der Grundstock für die heutige Vielvölkermischung in der Hauptstadt. Dieser Schmelztiegelsituation trug die nachrevolutionäre Regierung Rechnung, als sie Addis Abeba zu einer gesonderten Verwaltungseinheit machte, während die anderen Bundesländer weitgehend ethnisch definiert sind.

Addis Abebas „geringste" Höhenlage beträgt 2200 Meter, sein Terrain steigt aber bis auf 2700 Meter an, bevor es in die schroffen Hänge des bis zu 3000 Meter hohen Entoto übergeht. Bis heute vermittelt Addis, wie man im Lande liebevoll verkürzend sagt, den Eindruck einer gewissen Zufälligkeit. Zum einen versteckt es sich wie eh und je hinter Bäumen und Hügeln, denn der Talgrund ist fruchtbar und in Höhen und Mulden gegliedert. Zum anderen gibt es auch heute erst wenige Hochhäuser, welche die Silhouette verderben könnten. Von einem „Zentrum" der Metropole zu sprechen, wäre gewagt, denn anders als die meisten historisch gewachsenen Großstädte dieser Welt ist Addis ein Konglomerat aus vielen weitläufigen Quartieren. Niemand kann mit Gewißheit sagen, wieviele Menschen derzeit in der Hauptstadt wohnen. Die Schätzungen schwanken zwischen zwei und drei Millionen; sicher ist aber:, Es werden täglich mehr. Daß dabei eine Verslumung der Stadt nicht ausbleibt, kann nicht verwundern. Die Infrastruktur ist bei weitem noch nicht für so viele Menschen ausgelegt, von einer flächendeckenden Kanalisation ganz zu schweigen, und Abschaltungen bei der Strom- und Wasserversorgung sind häufig. Natürlich sind auch in Addis die Bausünden der „Betonzeit" zu besichtigen. Vor allem in der sozialistischen Periode zwischen 1975 und 1991 entstanden allerlei lieblose Menschensilos einschließlich eines Parteigebäudes, dem der „Palast der Republik" in Berlin-Mitte Pate gestanden haben könnte. Die Hauptverkehrsstraßen innerhalb der Stadt sind asphaltiert, doch je weiter man sich von ihnen entfernt, desto größer werden die Schlaglöcher, und ein fester Straßenbelag fehlt ganz. Dies bedeutet Staub und trockenen, knöcheltiefen klebrigen Lehm in den feuchten Monaten. Regen gibt es in der „großen" und „kleinen" Regenzeit, in den Monaten Juli bis September und wieder im März. Seit einigen Jahren ist der natürliche Wetterfahrplan aber unpünktlich geworden. 1997 erlebte Äthiopien durch die Auswirkungen des El Niño bzw. (Christ-) Kind genannten Klimaphänomens Überflutungen erheblichen Ausmaßes.

Aber kehren wir noch einmal an den Anfang der „Neuen Blume" zurück. Das älteste Gebäude der Stadt, eine hölzerne Rundkirche, entstand bereits 1885, zwei Jahre vor Taitus Überraschungscoups. Sie diente 1889 dem Monarchen als Krönungskirche, in der Menelik II. die Kaiserwürde empfing. Noch heute kann man sein Abbild an ihrer Wand entdecken. Wiederum zwei Jahre später entstanden die ersten steinernen Gebäude der jungen Hauptstadt. Ein Brand vernichtete 1892 den *Gibbi* fast vollständig, aber innerhalb zweier Jahre wurden auf dem Palastgelände mehr als 40 Einzelgebäude errichtet, so daß der Kaiser wieder von hier aus regieren konnte. Durch den Schweizer Architekten Alfred Ilg, einen Vertrauten Meneliks, der ihm schon auf dem Entoto-Gelände als Berater nützlich gewesen war, wurde der Palastbau mit einer unerhörten Neuerung, nämlich Wasserleitungen, ausgestattet. Die in Naturwissenschaften unerfahrenen Mitglieder des kaiserlichen Haushalts betrachteten dieses System als ein

Wunder, und Gedichte wurden über die Tatsache verfaßt, daß der Kaiser selbst dem Wasser befehlen könne, in eine ihm genehme Richtung zu fließen.

Der Palast selber war ebenfalls bemerkenswert. Allem voran eine für damalige Verhältnisse sehr große Empfangshalle, die *Adarasch*, von deren dreigiebligem Dach, gestützt von 34 Säulen 16 elektrifizierte Leuchter hingen, eine absolute Novität im Kaiserreich. Sie verbreiteten ein ungewöhnlich helles Licht in einer Stadt, in der sonst nur Öl- oder Kerosinlampen brannten. Mehr als siebentausend Personen hatten im *Adarasch* Platz.

Wasserleitung, Elektrifizierung, bald auch ein erstes Automobil für den Kaiser belegen den von Zeitzeugen vermittelten Eindruck, daß dieser Herrscher gegenüber Neuerungen jeder Art aufgeschlossen war und blieb.

Menelik II. war ein freigiebiger Mann. Große Banketts wurden abgehalten, zu denen jeder seiner Untertanen Zutritt hatte. An besonderen Tagen wurden bis zu fünftausend Menschen gespeist, um deren Wohl sich mehr als dreihundert Bedienstete im Saal kümmerten. Das Palastgelände maß annähernd zwei mal zwei Kilometer im Quadrat, und dies spiegelte in mancher Weise das Land wieder, dessen politischen und wirtschaftlichen Mittelpunkt es bildete. Dörfliche und städtische Aspekte vermengten sich in seinen Gebäuden und Anlagen, in denen sich die kaiserliche Familie, die Höflinge, der Adel und Abgesandte aus allen Teilen des stetig wachsenden Reiches trafen. Das *Schakla-Bet*, das der privaten kaiserlichen Nutzung diente, war der erste Ziegelsteinbau in der wachsenden Metropole. Auf dem Gelände befanden sich außerdem Kirchen und ein Gerichtsgebäude, das Haus des Kronrates, ein Post- und Telegraphenamt, eine Münzanstalt, ein Löwengehege und eine Apotheke, dazu eine Sattlerei, eine Schmiede, Schneiderei, Teppichknüpferei und eine Brauerei, in der Getränke, allen voran *Tedsch*, das einheimische Met, produziert wurde. Auch ein Wäldchen gab es, Küchengärten, Wiesen- und Weideland, auf dem Schafe und Rinder grasten, die für die Festmähler geschlachtet wurden, auch Wein- und Blumengärten. Dies alles wurde von bis zu zehntausend Bediensteten betreut. Rund zweitausend von ihnen gehörten direkt zum kaiserlichen Haushalt.

Die siegreiche Schlacht bei Adua, nahe der äthiopisch-eritreischen Grenze, in der am 1. März 1896 die italienischen Invasoren vernichtend geschlagen wurden, bedeutete für Addis Abeba einen Entwicklungsschub. Bei Adua gemachte italienische Gefangene wurden zum Ausbau des Straßennetzes eingeteilt. Dort, wo 50 Jahre später die siegreichen Italiener ihren *Mercato* anlegten, entstand bereits unter Menelik II. der große Zentrale Markt der Hauptstadt. Hier wurden Waren aus allen Landesteilen verkauft, deren Anlieferung Tage oder auch Wochen gedauert haben dürfte. Steinsalz, in handliche Portionen geschnitten (S. 116/117), war neben dem neuen Geld noch legales Zahlungsmittel. Es kam aus der östlichen Danakilsenke und aus dem Norden und war in der Zentralprovinz Schoa ein notwendiger Artikel für Mensch und Tier. Heute breitet sich der *Mercato* in einem tiefer gelegenen Stadtteil aus, ist aber nach wie vor einer der größten Märkte Afrikas.

Was Addis Ababa um die Jahrhundertwende besonders bedrohte, war die Holzknappheit. Die immense Bautätigkeit hatte zur vollständigen Abholzung im Umkreis von mehreren Kilometern geführt, so daß es sowohl an Baumaterial als auch an Brennholz mangelte. Reisende, die in jenen Jahren Addis besuchten, gaben der Stadt keine große Zukunft, zumal der Kaiser Pläne verfolgte, wegen des Holzmangels eine weitere Hauptstadt zu gründen. Gerettet hat Addis Ababa aber am Ende der Eukalyptusbaum, dessen Samen aus Australien kam und wahrschein-

Reiterdenkmal Meneliks II. (Kaiser 1889–1913) auf dem nach ihm benannten Platz in Addis Abeba. Der äthiopische Sieg über die italienischen Truppen in der Schlacht bei Adua (1896) leitete die Entwicklung der „Neuen Blume“ zur Metropole ein.

Nach seinem Sieg bei Adua (1896) stattete Kaiser Menelik II. seine Hauptstadt mit einer Kathedrale aus, geweiht dem Ritterheiligen Georg. Sie diente fortan als Krönungskirche. Tücher mit den Farben der äthiopischen Nationalflagge umspannen die acht Seiten des überkuppelten Oktogons.

lich von Ilg oder französischen Händlern importiert worden ist. Jedenfalls hatte dieser schnell wachsende Baum zwei vorzügliche Eigenschaften und eine schlechte: Seine Stämme gaben exzellentes Bauholz ab und eigneten sich hervorragend zum Brennen. Schlecht war und ist, daß durch die besonderen Öle des Eukalyptus nichts unter seinem Laubdach wächst und daß sein Laub keinen Humus bildet. Auch heute ist der Eukalyptusbaum nicht aus der äthiopischen Haupttstadt wegzudenken. Morgens und abends vermischt sich sein Duft mit den vielen anderen Gerüchen der Großstadt zu einem unverwechselbaren Aroma. Das Grün von Addis ist das des „Überseebaums", wie die Äthiopier den Lebensretter genannt haben.

Zu Beginn des 20. Jahrhunderts ließ Menelik eine Rennbahn bauen, 1906 entstand das erste Geldinstitut, die „Bank von Abessinien", jeweils im Jahresabstand folgten ein Hotel und eine Schule. Zwei Jahre später wurde das erste Krankenhaus, das „Menelik-Hospital", eingeweiht. Die erste Druckerei nahm ihren Betrieb 1911 auf, wenig später ein Elektrizitätswerk, das durch Turbinen an einem Staudamm in Stadtnähe seine Energie bezog. Auch erste Holzbrücken wurden errichtet, und verzinkte Bleche ersetzen bis heute die traditionelle Dachdeckung.

Eine wichtige Zäsur für die Stadt war die Fertigstellung der Eisenbahnlinie vom französischen Kolonialbesitz Dschibuti über Diredaua nach Addis Abeba im Jahre 1917. Fortan liefen die meisten Importe über diesen Schmalspurstrang. Während der späteren Entkolonisierung am Horn von Afrika hat Äthiopien stets alles getan, um diese Verbindung offen zu halten. Vor allem befürchtete es, Dschibuti könnte an Somalia fallen und somit den verfeindeten Nachbarn in die Lage zu versetzen, die wirtschaftliche Nabelschnur des Landes zu durchtrennen. Nach dem Verlust der Hafenstädte Massaua und Assab, die 1993 an die Republik Eritrea zurückfielen, hat die Eisenbahnverbindung nochmals eine besondere Bedeutung für das zum Binnenstaat gewordene Land und seine Hauptstadt bekommen.

Um 1915 lebten etwa 120.000 Menschen in Addis, und, so heißt es in der Stadtgeschichte, zehn Jahre später hätte es schon mehrere hundert Automobile gegeben. Ende der zwanziger Jahre wurde ein neuer Palast erbaut, der später der jungen Universität übergeben wurde, und auch das prächtige Mausoleum für Menelik II. und Kaiserin Taitu entstand in dieser Zeit.

Im Jahre 1930 bestieg Ras Tefferi als Haile Selassie I. den Thron und gab dem Land die erste schriftliche Verfassung. Sie sah die Wahl eines Parlaments vor, das 1934 sein eigenes Gebäude beziehen konnte. Dem Parlamentarismus in Äthiopien war allerdings nur ein Jahr beschieden, denn er endete vorerst mit dem Einmarsch der italienischen Besatzungs-

macht 1935. Im Mai 1936 erreichten die Soldaten Mussolinis Addis. Äthiopische Widerstandskämpfer wollten ihre Hauptstadt nicht in Feindeshand fallen lassen und steckten sie in Brand, wobei ein großer Teil des kommerziellen Sektors vernichtet wurde. Im selben Jahr versuchten äthiopische Patrioten noch zweimal vergeblich, Addis anzugreifen und zu befreien. Nach einem ebenfalls mißglückten Versuch, den italienischen Oberbefehlshaber und Vizekönig Graziani zu ermorden, ließ dieser viele Tausend Zivilisten erschießen und Wohnhäuser niederbrennen. Trotzdem war die Besatzungsmacht entschlossen, Addis Abeba als Verwaltungshauptstadt ihres neuen Besitzes prächtig auszubauen. Der Plan sah vor, die Italiener östlich und südlich der Stadt anzusiedeln, und noch heute erinnern zwei Stadtteilnamen an dieses Vorhaben. Die Wohngegend für die Staatsbediensteten wurde der halbstaatlichen Baufirma „Instituto Nazionale per le Case degli Impeigati dello State" anvertraut und heißt bis heute „Casa I.N.C.I.S". Der Stadtteil für die Arbeiter wurde treffend als „Casa Populari" verewigt. Der italienische Gouverneur hatte sich im alten *Gibbi* einquartiert. Dem faschistischen Kolonialismus mit italienischem Besitz, der sich von Somalia über Äthiopien und Eritrea bis Libyen erstreckte, wurde durch äthiopische und britische Verbände ein Ende bereitet. Im April 1941 marschierten sie in Addis Abeba ein, und wenig später kehrte Haile Selassie I. in seine Hauptstadt zurück. Monumente, jeweils einen Kilometer voneinander entfernt, zeugen noch heute von seiner triumphalen Rückkehr. Die Plätze auf denen sie stehen, tragen Bezeichnungen wie *Arat, Amist, Sidist Kilo*, also „Kilometer Vier, Fünf, Sechs". Nach fünfjähriger Fremdherrschaft war Addis Abeba wieder zur Hauptstadt des unabhängigen Äthiopien geworden.

Die Ansätze italienischer Stadtplanung sind erhalten geblieben. Am unteren Ende der Piazza stehen einige neoklassizistische Bauten der Mussolini-Ära, dem Speerschen „Führerbaustil" vergleichbar. Zwei große Lichtspielhäuser wurden errichtet, und weiter unten in der Stadt das Opern- und Theatergebäude. Manchem Heldentenor ist hier, in 2300 Metern Höhe, die Luft etwas knapp geworden, und lange konnte sich die italienische Kolonie ihrer Künstler ja ohnehin nicht erfreuen.

Erwähnenswert ist noch der Bahnhof in typischem französischem Kolonialstil, mit viel Gußeisen und Holz. Das alte *Bufet de la gare* war eine Zeitlang sogar Treffpunkt der Jeunesse doree der Hauptstadt. Sehr schöne Botschaftsgebäude aus den Anfangsjahren des Jahrhunderts gibt es zu bewundern. Das Deutsche Botschaftsgebäude, zugleich Residenz, stammt aus den dreißiger Jahren und liegt in einem der schönsten Parks der Hauptstadt. Erhaltengeblieben ist auch so manches typi-

Nach dem Zweiten Weltkrieg, in dessen Verlauf er 1941 aus dem englischen Exil zurückkehren konnte, ließ Kaiser Haile Selassie I. nordwestlich von Addis Abeba die Kirche Debre Libanos errichten (Abb. S. 55). Zu ihrer Ausstattung gehören bemerkenswerte Glasmalereien.

sche, wenngleich vom Verfall bedrohte Wohnhaus aus der Zeit der Stadtgründung. Es waren reine Holzhäuser auf steinernem Fundament. Ein besonders schönes Exemplar steht oberhalb des Maskalsquares. Es gehört inzwischen zu einem Museumskomplex und wurde von Ras (Herzog) Birru um die Jahrhundertwende errichtet.

Es gibt nicht viele Denkmäler in der Stadt. Sieht man von den schon erwähnten Kilometermarken ab, so ist ein Reiterstandbild Meneliks II oberhalb der Piazza sehenswert. Der äthiopische Löwe neben dem alten italienischen Theater, Schöpfung eines österreichischen Bildhauers, gehört zu den oft photographierten Wahrzeichen der Stadt. Nachdem die überlebensgroße Leninstatue gleich nach der Vertreibung des Diktators Mengistu gestürzt und verschrottet wurde, erinnert nur noch der überdimensionierte Karl-Marx-Kopf eines Rostocker Künstlers daran, wie eng Äthiopien noch vor wenigen Jahren mit der Sowjetunion und der DDR verbunden war.

Die Gründung der Organisation für Afrikanische Einheit 1963 bescherte der Hauptstadt einen für damalige Verhältnisse großzügigen Konferenzkomplex, die *Africa-Hall*. Ihr wurde später das Gebäude der ECA, der Economic Commission for Africa, angegliedert. Diese Unterorganisation der Vereinten Nationen kam 1958 nach Äthiopien. Signifikant ist auch der Rundbau der Commercial Bank of Ethiopia. Rechtzeitig zum Staatsbesuch der britischen Königin 1964 wurde das Rathaus, die City Hall am oberen Ende der Churchill Road, fertiggestellt. Elisabeth II. wurde die Ehre zuteil, sie gemeinsam mit dem Kaiser einzuweihen. Vom Uhrenturm, den zwei viergeschossige Flügel flankieren, hat man einen der schönsten Blicke auf die Hauptstadt.

In dieser Zeit wurde auch die deutsche Begegnungsschule um einen Internatsbau erweitert. Bundespräsident Heinrich Lübke weihte ihn während seines Staatsbesuchs ein. Der damals sehr moderne Schulkomplex wurde später vom Regime Mengistus verstaatlicht und ist heute Teil der Universität. Eine neue deutsche Schule befindet sich seit 1996 im Bau. Bundespräsident Roman Herzog nahm den ersten Spatenstich vor.

Schon in den späten fünfziger Jahren enstanden die Gebäude der Post und Telekommunikation am unteren Ende der Churchill Road und markierten ebenso wie der Neubau des Hiltonhotels den Beginn der moderen Stahlbetonbauweise in der Stadt. Immerhin hatten sich die Erbauer bemüht, das Hotel durch Ornamente und Übernahme von historischen Vorbildern zu äthiopisieren. Ihm gegenüber ist unterhalb des alten *Ghibbi* ein neues Sheraton-Imperium aus dem Boden gewachsen, dessen Luxus hart mit der es umgebenden Wirklichkeit kontrastiert.

Haile Selassie I. schenkte sich zur 25jährigen Wiederkehr seiner Thronbesteigung 1955 den „Jubilee Palace". In einer schönen Gartenanlage versteckt, dient er heute dem äthiopischen Staatspräsidenten als Amtssitz.

Farbenprächtige Ladenfronten einer Geschäftsstraße in der Nähe des italienischen Viertels von Addis Abeba.

Ein herausragendes Beispiel moderner Achitektur in Äthiopien ist die Commercial Bank of Ethiopia in Addis Abeba. Der elfstöckige Rundbau über einer Plattform erhebt sich an der Churchill Road.

Das Archäologische Museum mit Grabungsfunden aus dem ganzen Land besitzt das nahezu vollständige Skelett „Lucy", benannt nach dem Beatles-Song „Lucy in the Sky with Diamonds", der im Camp des Entdeckers in der Nacht nach dem Fund aus dem Transistorradio tönte. Dieser Entdecker ist der US-amerikanische Paläanthropologe Donald Johnson, der 1974 im Afar-Gebiet auf das damals und bis 1996 älteste Skelett eines hominiden Lebewesen gestoßen ist mit einem vermuteten Alter von 3,5 Millionen Jahren. Inzwischen ist in demselben Gebiet, der Danakilsenke, ein wohl 4 Millionen Jahre altes Skelett entdeckt worden. „Lucy" trägt die wissenschaftliche, den Fundort kennzeichnende Benennung „A(far) L(ocation) 288-1".

Anfang der sechziger Jahre wurde der neue Bole International Airport gebaut. Den alten Flughafen aus der Zeit der italienischen Besetzung erhielt die Luftwaffe. Damals lagen zwischen Bole und dem Stadtrand noch ausgedehnte Felder, auf denen nur eine Handvoll Häuser standen. Seither hat sich dieses Gebiet zum Nobelstadtteil gewandelt, in dem die Villen betuchter Äthiopier und zahlreiche Botschaftsresidenzen liegen.

Welche Rolle Addis Abeba in der neuen Bundesrepublik Äthiopien spielen wird, ist noch offen. Als Verwaltungsmittelpunkt eines zentralistischen Staates war die Funktion klar. Die Verlagerung eines Teils der politischen Entscheidungen in die Bundesländer wird nicht ohne Folgen für die Stadt bleiben. Zur Zeit jedoch ist Addis Abeba als politischer Schwerpunkt des Vielvölkerstaates noch unangefochten.

Es ist immer noch eine sichere Stadt im afrikanischen Kontext. Dennoch empfiehlt es sich, nach Einbruch der Dunkelheit nicht in die unbeleuchteten Gassen zu wandern. Bettlern wird man überall begegnen, obwohl die Stadtverwaltung von Zeit zu Zeit versucht, sie aus Addis hinauszudrängen. Diese sichtbare Armut ist ein unübersehbares Anzeichen für die menschliche Not in der Metropole.

Von alledem bemerkt man nichts, wenn man auf den Entoto gefahren ist, dorthin, woher Taitu und Menelik einst in das unberührte Tal gekommen sind. In der Dämmerung auf Addis zu schauen, das sich langsam in ein Lichtermeer verwandelt, ist einer der schönsten Momente, die man in der Hauptstadt erleben kann.

DER ALLTAG

Die folgende Bilderzählung durchstreift die verschiedenen Regionen Äthiopiens. Sie führt in Städte und Dörfer, nimmt teil an der Zubereitung des Nationalgerichts Indjerra, gibt Einblicke in das fast ausschließlich noch in Handarbeit ausgeübte Gewerbe und mischt sich unter die Besucher der Märkte des Südens wie des Nordens.

Im überwiegend christlichen Norden prägt die Religion nicht unwesentlich den Ablauf des Alltags. Die Fixpunkte im religiösen Jahr wie z.B. die Feiertage der Lokalheiligen - oder gar die langen Fastenzeiten - haben für die Gläubigen überragende Bedeutung. Aber auch für die Muslime, die überwiegend in den östlichen Landesteilen leben, hat die Religion weitreichenden Einfluß auf das Alltagsleben. In vielen Regionen leben die Angehörigen beider Religionen friedlich miteinander; nicht selten wird die Silhouette größerer Städte von Kirchentürme und Minaretten geprägt.

Während sich auf dem Lande das Bild der meisten Dörfer in ihren archaischen Formen - wie der klassischen afrikanischen Rundhütte (Tukul) oder der spezifischen Architektur der verschiedenen Stämme (z.B. die Bienenkorbhäuser der Dorse) - noch kaum verändert hat und auf der anderen Seite manche Straßenzüge der großen Städte - vor allem in Addis Abeba - ein modernes Stadtbild zeigen, findet der Besucher in kleineren Städten häufig eine Vermischung von Tradition und Moderne, die den Fremden nicht selten skurril anmutet.

Der Alltag der Frauen in ganz Äthiopien ist durch schwere körperliche Arbeit geprägt. Das betrifft nicht nur die Arbeit in der Landwirtschaft, sondern auch das Holen von Wasser aus zum Teil weit entfernten Wasserstellen, das Schleppen von Brennholz über weite Strecken und auch die Zubereitung der Mahlzeiten unter einfachsten Bedingungen. Allein aufgrund der klimatischen und hygienischen Verhältnisse ist die Vorratshaltung schwierig, so daß die meisten Speisen stets frisch zubereitet werden müssen. Die hier abgebildete Sequenz der Indjerra-Herstellung durch eine Frau aus Lalibela ist ein ganz charakteristisches Beispiel dafür. Die mehrere Stunden in Anspruch nehmende Prozedur vollzieht sich auf dem Lande in ganz Äthiopien auf die gleiche Weise. Die Zutaten der Saucen variieren dabei allerdings je nach Wohlstand der Familie, der Jahreszeit, dem Ertrag der Ernte und der religiösen Vorschriften (vor allem in der Fastenzeit). Sie stammen auf dem Lande meist aus eigenem Anbau oder werden auf den lokalen Wochenmärkten erworben.

Während für uns Europäer der Konsum von Kaffee zur Selbstverständlichkeit geworden ist, wird er in seinem Ursprungsland stets in einer besonderen Zeremonie an Festtagen oder zu Ehren eines Gastes angeboten.

Über drei Viertel der äthiopischen Bevölkerung ist in der Landwirtschaft tätig. Die Felder werden traditionell mit Ochsengespannen gepflügt, mit der Hacke bearbeitet und mit der Sichel gemäht. Der nur selten anzutreffende Einsatz von Maschinen resultiert nicht nur aus der schwierigen Lage und Beschaffenheit der Felder, sondern vor allem aus dem Fehlen finanzieller Mittel. Aus letzterem Grunde wird in Äthiopien auch das Handwerk immer noch auf traditionelle Art und Weise - ohne Mechanisierung - ausgeübt. Ein bedeutendes Handwerk ist die Weberei, wobei die Stoffe charakteristisch sind für die jeweilige Region. Lederbearbeitung findet sich vor allem im viehreichen Süden, wo Leder, im Gegensatz zum Norden, auch die traditionelle Bekleidung ist.

Die Märkte im ganzen Lande zeigen jeweils die spezifischen lokalen Produkte der Landwirtschaft und der Handwerkskunst. Sie sind aber nicht nur Ort des Handels, sondern auch wichtiges Kommunikationsforum.

Oben: Verkauf von Käse auf dem Mercato von Addis Abeba.

Links: Die Dreifaltigkeitskirche in Addis Abeba entstand ab 1941, dem Jahr der Rückkehr des Kaisers Haile Selassie I. aus dem englischen Exil.

Markttag in Debark am Rande des Nationalparks im Semien-Gebirge, daneben eine Ansicht von Gondar nördlich des Tanasees im Licht der Morgensonne. Sie beleuchtet die Moschee der alten Kaiserstadt mit kegelförmiger Spitze des Minaretts und einem Halbmond auf der Kuppel. Die beiden unteren Stadtansichten zeigen links Axum mit der alten und der neuen Kirche *Marjam Tsion*, rechts Makale, die Hauptstadt des an die Republik Eritrea grenzenden nordäthiopischen Bundeslandes Tigray. Auch hier markiert ein schlankes Minarett den Standort einer Moschee.

Harar Beer

CIDE MEDICAL STORE
AWOL ISLAMIC BOOKS LENDING
PRIVATE CENTER
NOTICE OF AWOL

FANA MUSIC SHOP
PHOTO
COPY
PHOTO

In einer Bar im südäthiopischen Konso, dem Hauptort der geichnamigen Region und des Siedlungsgebiets des Konso-Volkes.

Gerahmt wird das Interieur durch eine bunte Palette von Hausfronten aus Nord und Süd mit mehrsprachig beschrifteten Schildern.

Eine mächtige Schirmakazie überragt die Gruppe der Rundhäuser (Tukul) des Dorfes bei Gidole in einer fruchtbaren Ebene südlich von Arba Minch, dem Ort der „Vierzig Quellen".

Mit dieser Standardform des ländlichen Hausbaus kontrastiert die Sonderform der Dorse-Häuser im nahegelegenen Bergland.

Die bienenkorbartigen Häuser der südäthiopischen Dorse sind einerseits durch die hohe Kuppel über dem Hauptraum gekennzeichnet, andererseits durch das vorkragende Dach über dem Eingangsbereich. Als Material der geflochtenen Wände dienen Äste, Blätter und Stroh der „falschen Banane“ Ensete. Eine Besonderheit des Dorse-Hauses besteht darin, daß es als Ganzes versetzt werden kann, wobei seine Höhe schrumpft.

Ganz oben: Steil ragt das Dorse-Haus als eine Art Bienenkorb mit kuppelförmigem Dach empor. Die Aufnahme entstand im Gebirge oberhalb von Arba Minch. Darunter typische Rundhäuser (Tukul) in der Region Konso, der ehemaligen Provinz Gemu Goffa, die heute einen Bestandteil des Bundeslandes Südliche Volksunion Äthiopien bildet. Die aus Naturstoffen erbauten, teilweise kunstvoll verzierten Häuser fügen sich harmonisch in die rechts im Überblick gebotene Landschaft ein.

ESSEN UND TRINKEN

Überall im äthiopischen Hochland wird *Indjerra ina Wott* gegessen. Indjerra ist ein rundes Fladenbrot aus Sauerteig. Dieser Teig wird aus *Teff (eragrostis teff)* gewonnen, einer ausschließlich in Äthiopien vorkommenden Getreideart. Sie ist mit dem Sorghum, einer Hirseart verwandt, und hat Körner in der Größe von Grassamen. Ihr Anbaugebiet liegt zwischen 1500 und 2700 Metern Höhe. Das Teffgetreide kommt mit relativ wenig Wasser aus und ist reich an Proteinen und Mineralien, vor allem Kalzium. Nach dem Mahlen wird es zu einem zähen Sauerteig verarbeitet. Da Teff recht teuer ist, werden nicht selten zum Strecken Mais-, Gersten- oder Weizenmehl beigegeben. Nach einigen Tagen Ruhe säuert der Teig und wird dann in verflüssigter Form auf runden Tonplatten von ca. 40 bis 50 Zentimeter Durchmesser gebacken. In den Städten verwendet man zunehmend Backbleche, die entweder auf einen Ofen mit offenem Feuer gelegt oder aber elektrisch beheizt werden. Die so entstehenden runden, schwammigen, hellgrauen Fladen sind etwa einen viertel bis einen halben Zentimeter dünn und werden

zum Servieren in halbhohe, geflochtene bunte Korbtische gelegt, die mit einem spitzen Deckel verschlossen werden. Auf mehrere ausgebreitete Indjerrafladen wird *Wott*, eine Art Gulasch gehäuft. Mit den Fingern werden vom Indjerra Stücke abgerissen, mit denen dann das *Wott* zum Munde geführt wird. *Wott* kann auf sehr unterschiedliche Art zubereitet werden. Die Bestandteile der Wott-Sauce sind Fleisch (Hammel, Schaf, Ochse, Rind, Huhn, Eier), alle denkbaren Gemüsesorten (Linsen, Bohnen, Kohl, Okra, Zwiebeln, Knoblauch, Sonnenblumenkerne, Erbsen, Roggen, Leinsamen, Ensete, die „falsche Banane" diverse Planzenöle) und nicht zuletzt Butter und an die 50 verschiedene Gewürze. *Wott* kann sehr scharf sein (*kai wott*), aber auch milde, beispielsweise wenn es aus Quark hergestellt wird. Das Hauptgewürz heißt *Berbere*, ist paprikarot, sehr stark und besteht neben Peperoni aus einer Reihe weiterer Zutaten. Dreißig bis vierzig unterschiedliche Saucen sind in wohlhabenden Familien bei festlichen Anlässen keine Seltenheit.
Gegessen wird mit den Fingern der rechten Hand, die zuvor in einem Handbecken gewaschen wurde. In Familien sind es meist die halbwüchsi-

gen Kinder, die das Becken herumreichen, in einheimischen Restaurants die äthiopisch gekleidete Bedienung. Übriggebliebenes Indjerra wird häufig am folgenden Tag zum Frühstück weiter verwendet. Dann folgt es dem *Kintsche*, einem dem englischen Porridge vergleichbaren dicken Brei, der aus eingeweichten, gequetschten Roggen- oder Weizenkörnern mit Butter, Salz und Wasser gekocht wird.
Eine spezielle Sauce namens *Ye Tzumm gizeh* wird in den Fastenzeiten serviert. Fromme Christen fasten bis zu 150 Tage im Jahr, wobei weder Fleisch, Fisch und Milchprodukte noch Alkohol verzehrt werden. Eine typische Variante der Fastenspeise ist *Siljo*. Hier werden Dicke Bohnen roh verarbeitet unter Beigabe von Senf und Knoblauch, Rosmarin und Salz. Eine andere heißt *Asifa* und enthält gekochte Linsen, Senf, Zwiebeln, Knoblauch und Zitrone. Zitronen, Apfelsinen und Pampelmusen wachsen reichlich in Äthiopiens gemäßigten Zonen.

555
20cm
MADE IN

Am Ende eines Gastmahls wird Kaffee angeboten. Geschieht dies in traditioneller Weise, werden vor den Augen des Gastes die grünen Kaffeebohnen auf einem gewölbten Blechteller über einem kleinen Feuer geröstet und anschließend in einem Mörser zerstampft. Dann wird ein Tontopf mit Kaffeepulver und Wasser auf eine Flamme gesetzt und aufgekocht. Der erste Aufguß ist der stärkste, zwei weitere folgen. Bei einer solche Kaffeezeremonie kann rasch eine Stunde vergehen. Der Kaffee wird süß und traditionell ohne Milch getrunken. Selbstverständlich gibt es in Restaurants und Hotels Kaffee nach europäischer Art.
Seit der italienischen Besetzung wird auch die Weinkelterei und die Produktion europäischer Alkoholika im Lande betrieben. Es gibt gute Weiß- und Rotweine, Weinbrand, Gin und eine Reihe nach deutschem Reinheitsgebot gebrauter Biere.

Frisch gefertigte, traditionell aus Roßhaaren hergestellte Fliegenwedel werden am Wegrand zum Kauf angeboten. Ursprünglich waren sie den Priestern vorbehalten.

Handarbeit beherrscht auch heute noch das Gewerbe in Äthiopien, sei es beim Spinnen, Sieben, Weben oder Schmieden.

Besonders in der äthiopischen Landwirtschaft sind Maschinen noch eine Seltenheit. Hier trennt der Wind die Spreu vom Weizen, genauer: vom Teff. Mit dem Mehl dieser ausschließlich in Äthiopien kultivierten Getreideart wird der Sauerteig des Fladenbrots hergestellt, das zum Nationalgerichts Indjerra gehört (S. 98–101).

Menschliche Arbeitskraft wird eingesetzt, um Wasser aus dem Ziehbrunnen zu schöpfen. Zum Dreschen werden Zebuochsen im Kreis über das auf dem Boden ausgebreitete Getreide getrieben.

Ketten aus Kaurischnecken, Perlenschnüre und Metallreifen schmücken diese Schönheit. Die Aufnahme entstand auf dem Markt von Dimeka nördlich von Turmi in der ehemaligen Provinz Gemu Goffa, die heute einen Bestandteil des Bundeslandes Südliche Volksunion Äthiopien bildet.

Der Markt von Dimeka ist ein Eldorado für ethnologisch Interessierte. Hier treffen sich neben Mitgliedern des Hamar-Volkes auch Angehörige anderer Stämme aus dem vielfältigen Völkergemisch im südlichen Äthiopien.

Die kunstvoll mit Hilfe von Ton modellierten Haarkappen dienen nicht allein als Schmuck, sondern bringen auch Mut und Tapferkeit zum Ausdruck.

Impressionen vom Markt in Dimeka: Vereinzelt kontrastiert westlich orientierte Bekleidung mit der dem tropischen Klima angepaßten Nacktheit. Große Bedeutung besitzt der Körperschmuck durch Bemalung, Haartracht, Tätowierung bzw. Schnitt- Wulsthautverzierungen (Keloide), ergänzt durch Metallreifen, Ketten und Perlenschnüre, die auch zu den feilgebotenen Waren gehören. Das jeweilige Erscheinungsbild signalisiert unter anderem den sozialen Status und Wohlstand. Zur Gruppe links oben gehört ein Mann mit der für Boranakrieger typischen Haartolle über der Stirn.

Chencha, im Bergland nordwestlich von Arba Minch gelegen, erfreut den Besucher durch kühle, klare Luft und einen herrlichen Blick auf das Rift Valley mit dem roten bis lehmfarbenen See Abaya (Abb. S. 27).

Weithin bekannt, vor allem wegen seiner Webarbeiten, ist der farbenfrohe Markt von Chencha.

Fischmarkt am Awassa. Aufgrund seines großen Fischreichtums bietet der See zahlreichen Vogelarten Nahrung, unter anderem dem Pelikan und dem Marabu (Abb. S. 31). Auch für die Fischer reichen kleine Boote und einfache Netze aus, um ausreichenden Fang an Land zu bringen.

Markt bei Witchale in Wollo. Neben landwirtschaftlichen Produkten werden Töpferwaren und Stoffe angeboten. Unverzichtbar sind - als alltägliche Variante der festlichen Ehrenschirme des Klerus - die einfachen Regen- und Sonnenschirme

Farbenprächtige Webarbeiten bietet der Markt von Bahir Dar am Tanasee. Daneben Hülsenfrüchte und Gewürze auf dem *Mercato* in Addis Abeba.

Zu den begehrtesten Naturprodukten Äthiopiens gehört das Steinsalz. Es kommt in großen Scheiben auf den Markt und wird in handliche Stücke zersägt. Kamelkarawanen bringen die Salzbarren von der Danakilsenke auf die Märkte des Hochlands.

Rotes Meer
Massaua
Kohaitu
Maarib
Saana
Atbara
Takeze
Axum
Jeha
Debre Damo
Adua
Dugum
Makale
Danakilsenke
Ras Daschan
Semien Gebirge
Debark
Gondar
Mocha
Assab
Aden
Lalibela
Tana See
Wichale
Dschibuti
Bahiir Dar
Nilfälle
Magdala
Awasch
Dessie
Blauer Nil
Debre Libanos
Addis Abeba
Harrar
Wonchi See
Debre Seit
Omo
Baro
Zwai See
Abiata See
Langano See
Schalla See
Awassa
Abaya See
Chencha
Arba Minch
Chamo See
Jinka
Gidole
Konso
Dimeka
Omo Rate
Arbore
Turmi
Stefanie See
1 Omo Nationalpark
2 Mago Nationalpark
3 Mursi Berge
4 Nechisar Nationalpark
IRAK
IRAN
ÄGYPTEN
SAUDI-ARABIEN
OMAN
SUDAN
ERITREA
JEMEN
DSCHIBUTI
ÄTHIOPIEN
SOMALIA
KENIA
Indischer Ozean

REISEN IN ÄTHIOPIEN

Die direkte Einreise nach Äthiopien ist nur mit dem Flugzeug möglich. Der einzige Internationale Flughafen ist der von Addis Abeba. Ihn bedienen renommierte Fluglinien, darunter die Lufthansa und die Ethiopian Airlines. Seit dem Verlust der Hafenstädte Massaua und Assab am Roten Meer, die seit 1993 zur Republik Eritrea gehören, ist Äthiopien ein Binnenstaat.

Dschibuti, ebenfalls am Roten Meer gelegen, wird von der Air France direkt angeflogen. Die Hafenstadt ist mit der äthiopischen Hauptstadt durch eine Schmalspurbahn verbunden. Die Bahnfahrt dauert zwei Tage, ist aber nur Reisenden zu empfehlen, die bereit sind, diese Fahrt als „Abenteuer" zu verbuchen. Ein Zwischenaufenthalt dieser Reise ist *Diredaua*, eine prosperierende Kleinstadt, die als Bahnstation um die Jahrhundertwende von der französischen Eisenbahngesellschaft gegründet wurde, als der Schienenstrang vom Roten Meer ins äthiopische Hochland verlegt wurde. Die klare Gliederung des Straßennetzes, Bürgersteige und schattige Boulevards bezeugen den kolonialen Ursprung von Diredaua. Populäres Transportmittel ist die Gari, eine zweisitzige Pferdekutsche. Besonders zu empfehlen ist ein Besuch des *Kefira Market*, auf dem die Kamelkarawanen aus dem Tiefland ihre Waren entladen.

Diredaua ist ein guter Ausgangspunkt für eine Fahrt nach *Harrar*, das etwa 1000 Meter höher liegt und eines der Zentren des äthiopischen Islam bildet. Leider wurde Harrar durch den Äthiopisch-Somalischen Krieg 1978/79 stark in Mitleidenschaft gezogen. Hinzu kommt, daß das sozialistische Regime den Bewohnern der Region mißtraute und alle Investitionen an dieser reizvollen arabischen Stadt vorbeilenkte. Eindrucksvoll ist die alte Stadtmauer aus der Zeit der osmanischen Besetzung, knapp hundert Moscheen geben dem im 7. Jahrhundert gegründeten Ort sein spezielles Flair. Eine der Sehenswürdigkeiten, das Wohnhaus Arthur Rimbauds, ist noch in schlechtem Zustand, kann aber besichtigt werden und wird wieder hergerichtet. Ab 1880 unternahm der französische Lyriker im Auftrag verschiedener Kolonialwaren-Handelshäuser in Aden und Harrar Expeditionen nach Ogaden und Schoa. Nebenbei handelte er mit Rauschgift und Waffen. Ein Krebsgeschwür am Knie zwang Rimbaud zur Rückkehr nach

Im südlichen Äthiopien begegnet man den kaminartig emporragenden Bauten der Termiten, bestehend aus zerkautem Holz und mit Speichel vermischtem Sand oder Kot.

Frankreich, wo er bald nach einer Beinamputation in Marseille im Jahr 1891 starb.

Als besondere Attraktion Harrars gilt der „Hyänenmann", der nach Einbruch der Dunkelheit am Stadtrand die von den Berghängen herbeistreunenden Hyänen mit Fleisch und Knochen, vom offenen Feuer beleuchtet, mit der Hand und dem Mund füttert.

Die etwa zweistündige Fahrt nach Harrar mit dem Auto (Mietwagen) lohnt allein schon wegen der sehr schönen Wegstrecke durch die Gebirgslandschaft. Der Ausgangspunkt Diredaua kann auch mit dem Flugzeug oder dem Zug von Addis Abeba aus erreicht werden.

Auf dem Wege von Diredaua in die Hauptstadt liegt der *Awasch-Nationalpark*. Er ist reich an Tieren und Pflanzen, und der Fluß Awasch stürzt als Wasserfall spektakulär in die Tiefe des Grabenbruchs.

Stadtviertel von Addis Abeba am Kechene-Fluß.

Der auswärtige Besucher landet gewöhnlich in Addis Abeba und unternimmt von hier aus seine Ausflüge ins Land. Je nach Dauer des Aufenthalts muß er sich entscheiden, ob er den historischen Stätten des Nordens oder eher den afrikanischen Sehenswürdigkeiten im Süden den Vorzug geben möchte. Die Einzigartigkeit Äthiopiens erschließt sich dem Gast auf der „Historischen Route"; sie führt von Addis Abeba zuerst nach Bahir Dar am Südzipfel des größten Binnengewässers, des Tanasees. Der Ort selber bietet wenig Sehenswertes. Er ist aber Ausgangspunkt für einen Abstecher an die etwa 30 Kilometer entfernten Fälle des Blauen Nils. *Tis Isat* („Rauchendes Wasser") nennen die Einheimischen dieses gewaltige Naturschauspiel, das der Blaue Nil kurz nach dem Ausfluß aus dem Tanasee bietet und das den Viktoriafällen im heutigen Zimbabwe in nichts nachsteht (Abb. S. 22/23).

Von Bahir Dar kann man entweder eine chronologisch geordnete Reise in die kulturelle Vergangenheit Äthiopiens antreten oder die jeweils kürzeste Distanz auf der „Historischen Route" wählen.

Folgt man dem ersten, allerdings mit erheblichen Umwegen verbundenen Modus, so ist die älteste Stätte *Axum*, eine Stadtgründung der Antike, in deren Nähe auch die Tempelruinen von Jeha und Haoulti liegen. *Axum*, gelegentlich auch als das „Rom Äthiopiens" beschrieben, ist besonders durch seine Stelen bekannt geworden, über zwanzig, in einem Fall sogar über dreißig Meter hohe Monolithe, die reich mit Reliefs verziert sind. Als Hort der Bundeslade, die nach der Überlieferung von Menelik I., dem Stammvater der äthiopischen Kaiser, aus Jerusalem nach *Axum* gebracht wurde, ist die ehemalige Hauptstadt für die äthiopische Orthodoxie der geographische Glaubensmittelpunkt. Hier konvertierte der Herrscher Axums, König Ezana, im 4. Jahrhundert zum Christentum. Bis zum 9. Jahrhundert blieb *Axum* die Residenz der äthiopischen Könige. Von Axum aus erreicht man das Kloster *Debre Damo* aus dem 9. Jahrhundert. Es ist nur mit Korb und Seilzug zu erreichen. Weiblichen Besuchern wird der Zugang verwehrt.

Von *Axum* geht es weiter nach *Lalibela*, der Stadt der Felsenkirchen. Im 12. Jahrhundert begann König Lalibela mit dem Bau dieser einzigartigen Kirchen. Sie alle sind aus dem gewachsenen Felsen gehauen, von außen nach innen, mehrschiffig und mehrere Stockwerke hoch. Ihr Besuch an hohen christlichen Festtagen vermittelt ein einmaliges Bild von der Frömmigkeit und vom Traditionsbewußtsein der orthodoxen Christen Äthiopiens.

Yemrehanne Kristos, eine freistehende Felsenkirche liegt sechs Maultierstunden von Lalibela entfernt. Sie ist vermutlich älter als die Kirchen in Lalibela und zeichnet sich durch ihr reich geschmücktes Inneres aus.

Erst im 17. Jahrhundert wurde eine neue Residenzstadt angelegt, Gondar. Hier entstanden unter Kaiser Fasilidas die legendären Burgen, von denen die meisten die Zeitläufte überdauert haben. Der Baustil wurde stark von portugiesischen und indischen Architekten und Handwerkern beeinflußt. Nahe Gondar am Tanasee leben die letzten Vertreter des äthiopischen Judentums, die Felascha. Ein Ausflug zur Kirche *Debre Berhan Selassie* nicht weit von Gondar lohnt in jedem Fall. Besonders wegen der ausdrucksvollen und gut erhaltenen Wand- und Deckenmalereien. Von Gondar aus kehrt man in südlicher Richtung nach Addis Abeba zurück.

Die „Historische Route" kann mit dem Flugzeug in einer Woche bereist werden. Die National Tourism Organisation (NTO) und eine Reihe lokaler privater Reiseveranstalter bieten diese Rundreise auch im Geländefahrzeug an. Sie dauert mindestens zwölf Tage, und wem stundenlanges Sitzen im Fahrzeug nicht zuviel ist, wird durch wunderschöne Landschaftsbilder belohnt. Für Rucksacktouristen gibt es die Möglichkeit, die Route mit Linienbussen zu bereisen. Die Hotels sind brauchbar, neue sind in der Planung oder bereits im Bau. Hier wie überall in Äthiopien gilt es, dem Verfall der Infrastruktur, der während des sozialistischen Militärregimes um sich griff, Einhalt zu gebieten und eine positive Entwicklung einzuleiten.

Die Hauptstadt Addis Abeba bietet den Komfort und die Abwechslung, die der Besucher von einer Metropole erwartet. Hotels jeglicher Kategorie stehen zur Verfügung. Restaurants mit einheimischer, europäischer und asiatischer Küche gibt es in ausreichender Zahl. Kinos, Theater, Nachtklubs und Discos sorgen für Zerstreuung, und der Zentrale Markt, immer noch einer der größten Afrikas, bietet alle erdenklichen Güter, von Nahrungsmitteln über Textilien bis zum Kunsthandwerk. Sehenswürdigkeiten (auszugsweise) in der Hauptstadt sind das Menelik-Mausoleum, die Dreifaltigkeitskirche, die Georgskathedrale, das Nationalmuseum, das Archäologische Museum und das Postmuseum. Unbedingt zu empfehlen ist eine Fahrt hinauf zum Entoto.

Die Geographie des südlichen Äthiopien ist durch den Ostafrikanischen Graben bestimmt. Ihm verdankt das Land seine Seenkette. Sie erstreckt sich von Debre Seit, rund fünfzig Kilometer südlich von Addis Abeba, bis nach Arba Minch, sechshundert Kilometer von der Hauptstadt entfernt. Wegen der hier relativ dünnen Erdkruste treten häufig warme Quellen aus dem Boden, und an einigen Stellen wurden Bäder und Hotels gebaut. So am etwa zweihundert Kilometer von der Hauptstadt entfernten Langanosee, am sich südlich anschliessenden Awassasee und am Abayasee.

Von der Seenplatte aus gibt es die Möglichkeit, Menschen und Landschaften in der Savanne und den Bergen zu beiden Seiten des Grabenbruchs kennenzulernen.

Der *Bale-Mountains-Nationalpark* bietet neben den normalen Safaritreks die Möglichkeit, in seinen zahlreichen stehenden und fließenden Gewässern zu angeln und zu fischen.

Eine besondere Empfehlung ist der Besuch der Höhlen von *Sof Omar* östlich von Goba, der Verwaltungszentrale von Bale. Das Höhlensystem zählt zu den größten der Welt und wurde durch die Wasser des *Web* in den Kalkstein gegraben. Neben tiefen Einschnitten gibt es auch riesige unterirdische Kammern, die heute ein islamisches Heiligtum beherbergen.

Der Süden ist vor allem für Reisende reizvoll, die ein spezielles Interesse an Fauna und Flora Afrikas haben. Insgesamt gibt es neun über das ganze Land verteilte Nationalparks, in die Ausflüge unternommen werden können. Hier sollte man allerdings organisierten Reisen den Vorzug geben. In Addis Abeba können Fahrten problemlos bei der NTO oder privaten Anbietern gebucht werden.

Wer sich für geologische Formationen interessiert, sollte in die Danakilsenke im Osten fahren. Selten wird man lebensfeindlichere Landstriche auf unserer Erde besuchen können. Vergleichbar sind sie Mondlandschaften.

Im Gegensatz dazu findet man fruchtbares Land mit den letzten Urwäldern Äthiopiens

Rinderherde in der Nähe des Weyto-Flusses nördlich von Arba Minch.

im westlichen Hochland in Richtung Sudan. Die Oromovölker und die Nachfahren nilotischer Stämme tragen ob ihrer Vielfalt zum „afrikanischen" Erlebnis bei.

Der Höhenwechsel vom Hochland zum Tiefland, der bei Reisen im Norden, Westen und Süden Äthiopiens unvermeidbar ist, erfordert eine relativ gute körperliche Konstitution. Während auf Höhen über 1.800 Metern das Klima stets moderat bleibt, mit angenehm warmen Tagen und kühlen Nächten, sind im Grabenbruch Temperaturen von 35 Grad C° und mehr, auch nachts, keine Seltenheit. Während der Regenzeit vom Juli bis zum September ist es auf der Höhe mitunter empfindlich kühl. Die hohe Luftfeuchtigkeit verstärkt diesen Eindruck noch. In den heißen Zonen tritt in dieser Zeit eine belastende Schwüle auf.

Hat man vor, sowohl Nord- und West- als auch Südäthiopien zu bereisen, ist es anzuraten, wegen der unterschiedlichen Klimazonen entsprechende Kleidung mitzunehmen. Für die Regenmonate empfehlen sich zusätzlich Regenjacke und Schirm. Auf der „Historischen Route" sollten weibliche Reisende dar-

Terrasse des Hotels *Bekele Mola* mit Blick auf zwei in der Ferne erkennbare Seen: den (roten) Abya und den (blauen) Chamo. Eine schmale Landbrücke trennt sie bei Arba Minch am südwestlichen Ende der äthiopischen Seenplatte.

an denken, daß in Kirchen und Klöstern entblößte Arme und Beine nicht geduldet werden.

Seit dem Ende des Militärregimes und des jahrelangen Bürgerkrieges können alle Regionen des Landes, nach jahrelanger Sperre, wieder bereist werden.

Äthiopien folgt nicht dem Gregorianischen, sondern dem im Jahr 46 v. Chr. von Julius Cäsar im Römischen Reich eingeführten Julianischen Kalender. Er teilt das Jahr in zwölf gleichlange und einen fünftägigen Monat ein. Neujahr fällt auf den 11. September unseres Kalenders. Diese Einteilung hat zur Folge, daß Äthiopien acht bzw. sieben Jahre in der Zeitrechnung zurückliegt, was bei internationalen Transaktionen gelegentlich für Konfusion sorgt. Ebenso die Einteilung des Tages. Während wir um Mitternacht den neuen Tag beginnen lassen, beginnt er in Äthiopien um sechs Uhr morgens.

Das äthiopische Jahr und seine dreizehn Monate:

Maskerem	11. September – 10. Oktober
Tekimt	11. Oktober – 9. November
Hidar	10. November – 9. Dezember
Tahsar	10. Dezember – 8. Januar
Tir	9. Januar – 7. Februar
Jekatit	8. Februar – 9. März
Megabit	10. März – 8. April
Mijasia	9. April – 8. Mai
Ginbot	9. Mai – 7. Juni
Sene	8. Juni – 7. Juli
Hamle	8. Juli – 6. August
Nehasa	7. August – 5. September
Pagume	6. – 10. September

Die offiziellen Feiertage in Äthiopien (die hier genannten Daten beziehen sich auf unseren Gregorianischen Kalender):

Gena (Weihnachten): 7. Januar
Maskal (Auffindung des „Wahren Kreuzes" durch die hl. Helena): 27. September
Timkat (Erscheinungsfest): 19. Januar
Adua-Tag (Erinnerung an den Sieg über die Italienische Armee in der Schlacht bei Adule, 1896): 2. März
Tag der Patrioten: 6. April
Karfreitag
Osterfest
Internationaler Tag der Arbeit: 1. Mai
Sieg über den Militärfaschismus: 28. Mai
Enkutatasch (Neujahrsfest): 11. September
Maskal (Auffindung des „Wahren Kreuzes" durch die hl. Helena): 27. September

Islamische Feste sind:
Id al Fitr (Fastenbrechen)
Id al Adha (Beiramfest)
Maulid (Geburtstag des Propheten Mohammed)

Wenn es der äthiopischen Regierung gelingt, den Frieden im Lande zu erhalten und die wirtschaftliche Entwicklung voranzutreiben, besteht die Hoffnung, daß die Faszination dieses Kernlandes am Horn von Afrika wie in den sechziger Jahren von einer steigenden Zahl interessierter Besucher aufgesucht wird. Zu einem Massentourismus wird es in Äthiopien allerdings auf absehbare Zeit nicht kommen. Ein sympathischer Gedanke.

SCHLUSSBEMERKUNG

Durch den überraschend aufgebrochenen Grenzkonflikt zwischen Äthiopien und Eritrea hat das Land seit Mai 1998 für einige Zeit wieder Schlagzeilen gemacht. Sonst aber gilt, daß seit Ende des Bürgerkriegs und seitdem einige gute Ernten die akuten Hungersnöte der vergangenen drei Dekaden vergessen machten, sich die Aufmerksamkeit der Medien und damit der Öffentlichkeit anderen Krisenherden zuwandte. Trotz dieser verbesserten Lage braucht Äthiopien aber weiterhin Hilfe beim Wiederaufbau seiner durch Krieg und sozialistisches Experimentieren weitgehend zerstörten Wirtschaft und Infrastruktur.

Vielleicht geht die Behauptung zu weit, der Westen wie der Osten hätten eine Art Bringschuld gegenüber dem in Folge von politischer Unterdrückung, ökonomischer Mißwirtschaft und vielen Kriegen der Vergangenheit so zurückgebliebenen Land. Fest steht jedoch, daß ohne die üppige Militärhilfe der USA, Europas und der ehemaligen Sowjetunion diese Zustände nicht eingetreten wären. Eine stabile Demokratie kann nur da gedeihen, wo die Grundbedürfnisse der Menschen garantiert sind. Äthiopien bei der Aufbauarbeit zu unterstützen, bedeutet gleichzeitig, den Demokratisierungsprozeß im Lande zu fördern. Falsch wäre es, eine abwartende Haltung ihm gegenüber einzunehmen. Jede Hilfe, die dem Wirtschaftssektor, der Infrastruktur, der aufkeimenden Industrie, der Bildung und besonders der Gesundheitsversorgung des Sechzig-Millionen-Volkes zugute kommt, vergrößert die Hoffnung auf ein zukünftig friedliches, demokratisches Äthiopien.

Bis auf weiteres wird Äthiopien ein Agrarstaat bleiben, dessen wirtschaftliches Rückgrat die bäuerliche Bevölkerung bildet. Beispielsweise ist eine vernüftige Ausbeutung der reichlichen Niederschläge, die heute nicht nur ungenutzt zu Tal rauschen, sondern obendrein zur Erosion der Böden beitragen, dringend geboten. Wasserkraftwerke könnten Äthiopiens schlimmste Sorge, die mangelnder Energieresourcen, zumindest entlasten. Die ständig wachsende Bevölkerung nutzt ausschließlich Holz, Agrarabfälle und Tierdung zum Kochen und Heizen. Der Waldbestand im Lande ist innerhalb dieses Jahrhunderts von rund fünfundvierzig Prozent auf magere drei Prozent gesunken. Die Tendenz ist dabei fallend. Ländliche Umweltentwicklung und -erhaltung haben für die Regierung in Äthiopien eindeutig Priorität. Angesichts leerer Kassen und einer noch nicht gefestigten Demokratie bedeutet dies eine schwere Aufgabe. Die Neuordnung des Landes in Bundesstaaten mit relativ weitreichender Autonomie birgt die Gefahr des Auseinanderbrechens. Der Konflikt zwischen dem alten Establishment aus der Kaiserzeit, das sich relativ intakt über die Zeit des Marxismus in Addis Abeba hinübergerettet hatte, und der neuen Führung ist noch nicht ausgestanden. Die neu entflammte Gegnerschaft zu Eritrea, ein zerütteter Nachbar Somalia, ein feindlich gesinnter Sudan und ein in politische Kämpfe verwickeltes Kenia machen die Aufbauarbeit für Äthiopien nicht leichter.

Äthiopien ist ein faszinierendes Land, vereinigt auf seinem Territorium die gesamte Fauna und Flora Afrikas, alle Klimazonen und Formationen dieses Kontinents. Es wäre zu wünschen, wenn dem Land und seinen Menschen nach den schmerzlichen Jahrzehnten des Bürgerkrieges eine friedliche, positive Entwicklung vergönnt wäre.

ZEITTAFEL

Skelettfunde (zuletzt 1996) mit einem Alter bis zu vier Millionen Jahren erweisen möglicherweise das südliche Äthiopien als „Wiege der Menschheit".

Aus der Zeit um 12.000 stammen die ältesten Siedlungsspuren im Nordosten Afrikas.

Um 2500 v. Chr. bestehen Handelsbeziehungen zu Ägypten und Südarabien.

Spätestens um 1000 v. Chr. wandern semitische Kolonisten aus Südarabien im nordöstlichen Afrika ein und verbinden sich mit den einheimischen Kuschiten.

Um 950 v. Chr. liegt der mythische Ursprung der salomonischen Dynastie des Königreichs von Axum bzw. des äthiopischen Kaisertums: Der dynastischen Überlieferung zufolge besucht Makeda, Königin von Axum und Saba, König Salomo in Jerusalem und bringt nach ihrer Rückkehr den Sohn Menelik (I.) zur Welt. Dieser kehrt als Knabe nach Jerusalem zurück und wird von seinem Vater Salomo zum König gesalbt. Bei der Heimkehr entführen die israelischen Begleiter Meneliks die Bundeslade mit den Mosaischen Gesetzestafeln aus dem Tempel von Jerusalem und bringen das Heiligtum nach Axum. Hier wird es nach äthiopischem Volksglauben bis heute in einer Kapelle der (im 17. Jahrhundert neu erbauten) Kirche *Marjam Tsion* (St. Maria vom Zion) aufbewahrt.

Aus dem 5. und 4. Jahrhundert v. Chr. stammen die über 20 Meter hohen Stelen in Axum. Sie ahmen durch eingemeißelte Fenster und Türen die jemenitischen „Hochhäuser" im Königreich Saba nach, Altäre vor den Stelen deuten auf einen kultischen Zusammenhang hin. Die Stelen von Axum gehören zum Weltkulturerbe.

Um die Zeitenwende entwickelt sich das Reich von Axum zu einer beachtlichen Macht. Die Hafenstädte am Roten Meer (dem „Erythräischen Meer" des Altertums) gewährleisten regen Anteil am arabisch-afrikanischen Warenaustausch.

Im 4. Jahrhundert wird der axumitische Herrscherhof durch König Ezana (um 325-um 350) christlich. Die Überlieferung nennt Frumentius als (in Alexandrien geweihten) ersten Missionsbischof.

Nachdem die „Räubersynode" von Ephesos 448 die Lehre von der einen, ungeteilten, göttlichen Person Jesus Christus gebilligt hat, verurteilt 451 das vierte ökumenische Konzil in Chalkedon diese Lehre des Monophysitismus, die in der Konsequenz das Menschsein Christi als lediglich scheinhaft versteht. Trotz der Verurteilung bleiben die syrische und die ägyptische (koptische) Kirche der „Häresie" treu („monophysitisch" ist beispielsweise die Darstellung des gekreuzigten Christus ohne alle Anzeichen von körperlichem Leiden - ein Gott kann nicht leiden - im syrischen Rabula-Codex aus dem 6. Jahrhundert). Wohl unter syrischem Einfluß, den die sog. „Neun Heiligen Missionare" verkörpern, wird Äthiopien christianisiert, und es entsteht eine äthiopisch-orthodoxe Staatskirche mit stark ausgeprägtem Mönchtum und einem (bis 1950 aus Alexandrien kommenden koptischen) Metropoliten.
Als Bibel- und Kirchensprache dient das altäthiopische Geez. Auch in künstlerischer Hinsicht entwickelt Äthiopien auf dieser Grundlage eine eigenständige kulturelle Tradition, etwa in der Ausgestaltung der Kirchenfeste.

Im 6. Jahrhundert regieren die Axumiten auch im jemenitischen Königreich Saba bis zu dessen Islamisierung noch zu Lebzeiten des Propheten Mohammed (gest. 632).

Im 7. Jahrhundert kesseln islamische Invasionen das christliche Äthiopien von allen Seiten ein.

Im 12. Jahrhundert verdrängt die Zagwe-Dynastie die Salomoniden. Unter König Lalibela entstehen in der Hauptstadt Roha (heute Lalibela) die monolithischen Felsenkirchen. Sie dienen bis heute dem Gottesdienst. Die Felsenkirchen von Lalibela gehören zum Weltkulturerbe.

1270 erneuert Kaiser Jekuno Amlak die Herrschaft der salomonischen Dynastie. Das Geschichtswerk *Kebra Nagast* („Herrlichkeit der Könige"), ein Hauptwerk der äthiopischen Literatur, überliefert den Salomoniden-Mythos und endet mit eschatologischen Verheißungen.

An dem um eine Union zwischen römisch-katholischer und griechisch-orthodoxer Kirche bemühten Konzil in Florenz (1439-43) nehmen auch äthiopische Mönche teil.

Nach Jahrhunderten der Koexistenz mit den islamischen Nachbarstaaten kommt es in der ersten Hälfte des 16. Jahrhunderts zu blutigen Kämpfen, ausgelöst durch einen Beutezug des äthiopischen Kaisers Lebna Deng. Mächtigster Feind der Äthiopier ist der Emir „Achmed der Linkshänder" (Ahmed Granj); 1543 wird er mit Hilfe portugiesischer Truppen von Kaiser Claudius besiegt. In der Folge kommen Jesuiten als katholische Missionare ins Land.

1622 konvertiert Kaiser Sosenios vom äthiopisch-orthodoxen zum römisch-katholischen Bekenntnis, das er zur Staatsreligion erklärt. Zehn Jahre später ist er zum Rücktritt gezwungen. Nachfolger ist sein Sohn Fasilidas (reg. 1632-67), der die Katholiken des Landes verweist. Er gründet 1636 die neue Hauptstadt Gondar und errichtet in Axum den Neubau der Kirche *Marjam Tsion*. Die prachtvoll ausgestatteten Kaiserburgen des Fasilidas und seines Enkels Ijassu I., des Großen, in Gondar erregen die Bewunderung arabischer und europäischer Besucher.

Der im 18. Jahrhundert einsetzende Niedergang spiegelt sich auch in der Feststellung des englischen Historikers Edward Gibbon wider:
„Umgeben von Feinden ihrer Religion, schliefen die Äthiopier fast tausend Jahre und vergaßen die Welt, die auch sie vergaß.“

Der fortschreitenden staatlichen Zersplitterung in lokale Herrschaften tritt Kaiser Theodoros (reg. 1855-68) wirksam entgegen. Die Erfolge steigert sein Machtgefühl jedoch bis zum Größenwahn. Nachfolger wird 1871 Kaiser Johannes IV., der Verbindung zu den europäischen Großmächten aufnimmt, so auch zum deutschen Kaiserreich: Äthiopien gewinnt politische Bedeutung.

1889 tritt Menelik II., König der Zentralprovinz Schoa, die äthiopischer Kaiserherrschaft an; er regiert bis 1913. Vorbereitet durch seine Gemahlin Taitu, gründet er die neue Hauptstadt Addis Abeba. Vorrang gegenüber den Bevölkerungsgruppen der Oromo und Tigre gewinnen die Amhara; Amharisch, wird zur Landessprache.

1896 scheitert Italiens Versuch, von seiner (1890 in Besitz genommenen) Kolonie Eritrea aus Äthiopien zu erobern: In der Schlacht bei Adua besiegen erstmals afrikanische Truppen eine technisch überlegene europäische Armee.

1930 wird Haile Selassie I. (1892-1975) als 225. Nachfolger Meneliks I. zum Kaiser gekrönt. Äthiopien erhält die erste schriftliche Verfassung.

1935/36 okkupiert das faschistische Italien von Eritrea aus das äthiopische Kaiserreich als Teil eines italienischen nordafrikanischen Kolonialreichs. Fünf Jahre dauert der äthiopische Widerstand, dann gelingt die Befreiung mit Hilfe britischer Kolonialtruppen. Der Kaiser kehrt aus dem englischen Exil zurück.

1952 beschließt die UNO eine Konföderation zwischen dem ebenfalls befreiten Eritrea und Äthiopien.

1960 stellt ein Putsch der Leibwache erstmals die Herrschaft des Kaisers in Frage.

1962, zehn Jahre nach der Bildung einer Konföderation, wird Eritrea von Äthiopien als 14. Provinz eingegliedert. Bereits im Vorjahr zeichnete sich diese Maßnahme ab und führte zur Bildung der Eritreischen Befreiungsfront. Der Widerstand gegen die äthiopische Zentralregierung hält drei Jahrzehnte an.

Wachsende Unzufriedenheit in der Bevölkerung begünstigt 1974 den Sturz Haile Selassies und die Errichtung einer Militärdiktatur unter Führung von Mengistu Haile Mariam. Beginn des eritreischen Kampfes um Unabhängigkeit, 1977/78 Krieg mit Somalia um Ogaden. Verheerende Kriegsfolgen.

1981, Schauplatz ZDF: Als Gast der Sendung „Wetten daß ...?“ wettet der Schauspieler Karlheinz Böhm, daß „nicht einmal jeder dritte Zuschauer eine Mark gibt, um hungerleidenden Menschen im Sahel zu helfen“. Er verliert die Wette. Ende des Jahres bilden zwei Millionen DM die Grundlage des von Böhm weitgehend geprägten, auf Äthiopien konzentrierten Hilfswerks „Menschen für Menschen“ mit Schwerpunkten in der Landwirtschaft (Musterfarm), in der Ausbildung von Facharbeitern und im medizinischen Bereich (Krankenstationen).

Ebenfalls in Äthiopien tätig ist unter anderem die Initiative „Kinder unserer Welt“ (Würzburg) mit einer Mutter-Kind-Klinik und einem für Frauen bestimmten Ausbildungsprojekt in Endaselassie.

1987 bis zum Sturz der Militärdiktatur im Mai 1991 ist Äthiopien eine vom Ostblock unterstützte Sozialistische Volksrepublik, in der Bürgerkrieg und katastrophale Mißwirtschaft herrschen.

1991 gelingt dem eritreischen und dem äthiopischen Widerstand der Sturz des Militärregimes; Mengistu flieht nach Zimbabwe. Bildung einer neuen Übergangsregierung.

1993 wird Eritrea unabhängige Republik mit Asmara als Hauptstadt. Äthiopien, nunmehr ein Binnenland, wird der Zugang zu den Häfen am Roten Meer zugesichert.

1994 wird eine verfassungsgebende Versammlung gewählt. Im selben Jahr nimmt der Verein „Orbis Aethiopicus“ mit Sitz in Frankfurt/M. seine Arbeit auf: Kulturgutsicherung, Förderung insbesondere der archäologischen Forschung, „allgemeine Verbreitung der Kenntnisse über Äthiopien, seine Völker und Kulturen, bei Akzeptanz der Vielfältigkeit und Eigenständigkeit dieser Kulturen“.

1995 erhält Äthiopien die Staatsform einer Bundesrepublik.

1998 enttäuscht ein bewaffnet ausgetragener Grenzkonflikt die Hoffnung auf eine friedliche Weiterentwicklung der beiden Nachbarländer Äthiopien und Eritrea : Anfang Juni bombardieren äthiopische Kampfbomber den Flughafen von Asmara, eritreische Kampfbomber Makale, die Hauptstadt des Bundeslandes Tigray. Ein Appell des UN-Generalsekretärs Annan und ein Vermittlungsversuch der Organisation für Afrikanische Einheit (OAU) bleiben erfolglos.

REGISTER

LÄNDER, ORTE, TOPOGRAPHIE

PERSONEN(GRUPPEN), VÖLKER